Pocket-Sprachkurs

JAPANISCH

Lernen in kleinen Portionen
Mit Audio-Download

von
Angela Kessel

PONS
Pocket-Sprachkurs
JAPANISCH
Lernen in kleinen Portionen
Mit Audio-Download

von Angela Kessel

MITREDEN!-Seiten: Dr. Momoko Inoue

6. Auflage 2026

Redaktion: Dr. Momoko Inoue, Angela de Riese, Corinna Löckle-Götz
Logoentwurf: Erwin Poell, Heidelberg
Logoüberarbeitung: Sabine Redlin, Ludwigsburg
Layout: Meike Elsasser, Hildrizhausen
Einbandgestaltung: Mariela Schwerdt, Design & Feinschliff Studio
Satz: Design Depot Ltd., www.design-depot.eu
Druck und Bindung: Multiprint Ltd., Kostinbrod

ISBN: 978-3-12-562338-5

Sie möchten in kleinen Portionen erste Kenntnisse in Japanisch erlangen? Mit dem **Pocket-Sprachkurs Japanisch** haben Sie zwei Möglichkeiten, um schnell und einfach zu lernen - je nachdem, wie viel Zeit Sie aufwenden möchten.

1. Sie haben nicht viel Zeit? Kein Problem!

Beginnen Sie direkt mit den **MITREDEN!-Seiten**. Die zehn farbig hinterlegten Seiten, die im ganzen Buch verteilt sind, fassen die wichtigsten Wörter und Sätze zusammen.

- Sie lernen das Allerwichtigste, um sich vor Ort zu verständigen.
- Sie können die für Sie wichtigen Themen in beliebiger Reihenfolge lernen.

MITREDEN!

2. Sie möchten tiefer einsteigen? Auch kein Problem!

Mit den **25 Mini-Lektionen** können Sie ganz einfach Grundkenntnisse in Japanisch erlangen und mitreden.

- Jede Lektion besteht aus vier Seiten. Hier werden alle wichtigen **Themen rund um Urlaub und Alltag** behandelt.
- In den **Übungen** können Sie das Gelernte sofort trainieren.
- Die **Lösungen** dazu finden Sie immer auf der rechten Seite unten.

Folgende **Symbole** werden Ihnen im Buch begegnen:

(Ohr-Symbol) verweist auf die zugehörige MP3-Hördatei, die Sie unter **www.pons.de/pocket-sprachkurs-JP** finden.

§ verweist auf ein Grammatikthema, das in der allgemeinen Grammatik im Anhang ausführlicher erklärt wird.

(Globus-Symbol) verweist auf interkulturelle Tipps, die Ihnen Informationen zu Land und Leuten geben.

Im **Anhang** des Buches finden Sie

- **die Grammatik:** Alle im Kurs behandelten Grammatikthemen werden hier anschaulich erklärt.
- **den Wortschatz:** Hier erhalten Sie den wichtigsten Wortschatz, um sich vor Ort zu verständigen und können den Wortschatz lektionsweise mitlernen.

Viel Spaß und Erfolg!
Ihre PONS-Redaktion

INHALT

Die richtige Aussprache

Die **Vokale** a, e, i, o, u können Sie aussprechen wie im Deutschen. Achten Sie aber auf **Längungsstriche** (Fachausdruck: *das Makron*) über den Vokalen, z. B. ā, ū. Sie zeigen an, dass der Vokal lang ausgesprochen wird:

ā = *ah* wie in *Naht*, **ē** = *eh* wie in *geht*, **ō** = *oh* wie in *Not* usw.

Ein **kurzes u** wird in vielen Fällen fast „verschluckt", so zum Beispiel bei **desu** (Aussprache fast wie *dess*), bei der Verbendung -**masu** (*mass*) sowie bei vielen Wörtern, die aus dem Englischen kommen: **basu** (*bass*).

Ein **ei** wird nicht wie das deutsche ***ei*** ausgesprochen, sondern **e-i**. Das *e* wird stärker betont als das nachfolgende *i*.

Bei den **Konsonanten** orientiert sich die Aussprache am Englischen. Achten Sie besonders auf

- **j** wie im englischen *Japan*
- **ch** wie im englischen *chess*
- **s** scharfes s (deutsches *ß*)
- **w** wie im englischen *win*
- **z** sehr weich, wie im englischen *zoo*

Einige Konsonanten weichen von der englischen Aussprache jedoch ab:

- **r** Die Lautbildung liegt zwischen dem deutschen *r* und *l*.
- **n** Die Aussprache entspricht in der Wortmitte dem englischen *n*. Am Wortende ist die Aussprache jedoch weicher, wie *ng*. Dabei wird das *g* allerdings kaum hörbar ausgesprochen.

Das japanische Schriftsystem

Im Japanischen gibt es zwei Silbenalphabete, die zusammen mit den chinesischen Schriftzeichen (**Kanji**) das Schriftsystem ausmachen.

Die beiden Silbenalphabete heißen **Hiragana** und **Katakana**. Sie bestehen aus je 46 Zeichen.

Im modernen Japanisch wird **Hiragana** vorwiegend für Flexionsendungen benutzt sowie für Wörter, die nicht als Kanji dargestellt werden können. **Katakana** kommt vorwiegend bei Fremdwörtern (z. B. Anglizismen) und ausländischen Namen zum Einsatz.

Die Silbenschriftzeichen bestehen immer aus einem Vokal (a, i, u, e, o) oder einem Konsonanten (k, s, t, n, h, m, y, r, w) in Verbindung mit einem Vokal. Eine Ausnahme bildet lediglich der Konsonant **n**, der ohne Vokal auftreten kann. Die einzelnen Silben können auch kombiniert werden und so neue Laute bilden.

Mithilfe der kleinen geschriebenen Silben ya ゃ, yu ゅ, yo ょ können gebrochene Laute erzeugt werden: kya → きゃ, nyu → にゅ oder ryo → りょ.

Die folgende tabellarische Darstellung der Zeichen ist die Standarddarstellung. Auch japanische Wörterbücher folgen dieser Ordnung.

Hiragana/Katakana

Klare Laute

あ/ア a	い/イ i	う/ウ u	え/エ e	お/オ o
か/カ ka	き/キ ki	く/ク ku	け/ケ ke	こ/コ ko
さ/サ sa	し/シ shi	す/ス su	せ/セ se	そ/ソ so
た/タ ta	ち/チ chi	つ/ツ tsu	て/テ te	と/ト to
な/ナ na	に/ニ ni	ぬ/ヌ nu	ね/ネ ne	の/ノ no
は/ハ ha	ひ/ヒ hi	ふ/フ fu	へ/ヘ he	ほ/ホ ho
ま/マ ma	み/ミ mi	む/ム mu	め/メ me	も/モ mo
や/ヤ ya		ゆ/ユ yu		よ/ヨ yo
ら/ラ ra	り/リ ri	る/ル ru	れ/レ re	ろ/ロ ro
わ/ワ wa	ん/ン n			を/ヲ (w)o

gebrochene Laute

きゃ/ キャ kya	きゅ/ キュ kyu	きょ/ キョ kyo
しゃ/ シャ sha	しゅ/ シュ shu	しょ/ ショ sho
ちゃ/ チャ cha	ちゅ/ チュ chu	ちょ/ チョ cho
にゃ/ ニャ nya	にゅ/ ニュ nyu	にょ/ ニョ nyo
ひゃ/ ヒャ hya	ひゅ/ ヒュ hyu	ひょ/ ヒョ hyo
みゃ/ ミャ mya	みゅ/ ミュ myu	みょ/ ミョ myo
りゃ/ リャ rya	りゅ/ リュ ryu	りょ/ リョ ryo

Durch Hinzufügen von zwei Strichen oder einem kleinen Kreis können Sie **stimmhafte Silben** erzeugen: ha は → ba ば → pa ぱ

が/ガ ga	ぎ/ギ gi	ぐ/グ gu	げ/ゲ ge	ご/ゴ go	ぎゃ/ ギャ gya	ぎゅ/ ギュ gyu	ぎょ/ ギョ gyo
ざ/ザ za	じ/ジ ji	ず/ズ zu	ぜ/ゼ ze	ぞ/ゾ zo	じゃ/ ジャ ja	じゅ/ ジュ ju	じょ/ ジョ jo
だ/ダ da	ぢ/ヂ ji	づ/ヅ zu	で/デ de	ど/ド do			
ば/バ ba	び/ビ bi	ぶ/ブ bu	べ/ベ be	ぼ/ボ bo	びゃ/ ビャ bya	びゅ/ ビュ byu	びょ/ ビョ byo
ぱ/パ pa	ぴ/ピ pi	ぷ/プ pu	ぺ/ペ pe	ぽ/ポ po	ぴゃ/ ピャ pya	ぴゅ/ ピュ pyu	ぴょ/ ピョ pyo

Kanji

Theoretisch könnte man mit **Hiragana** alle japanischen Texte schreiben. Kinderbücher für die allerkleinsten Leser sind auch tatsächlich rein in **Hiragana** geschrieben. Doch hat sich im Japanischen die **Mischschrift** aus **Hiragana, Katakana** und den **sinntragenden chinesischen Schriftzeichen** – den **Kanji** – bewährt. 1981 legte die japanische Regierung 2.000 Kanji fest, die im Alltagsleben am häufigsten benutzt werden und an die sich auch die Massenmedien halten. Die Liste ist mittlerweile auf über 2.100 Kanji angestiegen. Zum Verständnis wissenschaftlicher und literarischer Texte jedoch sind weitergehende Kanji-Kenntnisse erforderlich.

Begrüßen, Verabschieden und Smalltalk 1

ohayō (gozaimasu)	guten Morgen	**(sich leicht verbeugen)**	hallo
konnichi wa	guten Tag	**sayōnara**	auf Wiedersehen/tschüss
konban wa	guten Abend	**bai bai**	tschüss
matane	bis bald		

2

O-genki desu ka?
Wie geht es Ihnen?

Genki desu. Arigatō.
Gut, danke.

O-namae wa?
Wie heißen Sie?

Mari desu.
Ich heiße Mari.

Dōzo yoroshiku.
Angenehm, Sie kennenzulernen.

Hajimemashite. O-kuni wa?
Schön, Sie kennenzulernen. Woher kommen Sie?

Nihon desu.
Ich komme aus Japan.

Länder und Nationalitäten  3

nihon	Japan	**nihon-go**	Japanisch
doitsu	Deutschland	**doitsu-go**	Deutsch
ōsutoria	Österreich	**ē-go**	Englisch
suisu	Schweiz	**furansu-go**	Französisch
itaria	Italien	**itaria-go**	Italienisch
supein	Spanien	**supein-go**	Spanisch

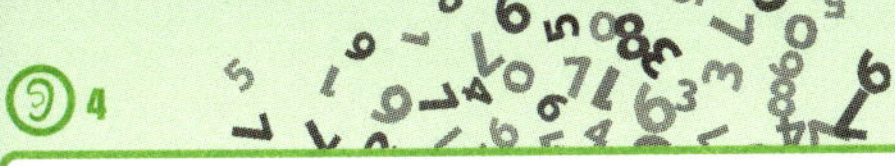

4

0	zero	11	jū ichi	30	san jū
1	ichi	12	jū ni	40	yon jū/ shi jū
2	ni	13	jū san	50	go jū
3	san	14	jū shi/ jū yon	60	roku jū
4	shi/ yon	15	jū go	70	nana jū
5	go	16	jū roku	80	hachi jū
6	roku	17	jū nana/ jū shichi	90	kyū jū
7	nana/ shichi	18	jū hachi	100	hyaku
8	hachi	19	jū kyū/ jū ku	200	nihyaku
9	kyū/ ku	20	ni jū	500	go hyaku
10	jū	21	ni jū ichi	1000	sen

Fragewörter und Konjunktionen 5

dare	wer	**naze/ nande**	warum
nani/ nan	was	**to**	und
dō	wie	**mata wa**	oder
doko	wo	**demo**	aber
itsu	wann	**... kara**	weil

6

hai
ja

īie
nein

Arigatō (gozaimasu)
Danke (schön)

tabun
vielleicht

Wakarimasen
Ich weiß nicht.

Onegai shimasu
bitte (etw. verlangen)

Sumimasen
Entschuldigung

Dōitashi mashite
Nichts zu danken.

In der japanischen Sprache gibt es zahlreiche Wörter, die auch in Deutschland bekannt sind. Verbinden Sie die japanischen Wörter mit der richtigen Übersetzung.

1. samurai	**A** Reiswein
2. sashimi	**B** roher Fisch auf Reis
3. sake	**C** Kirschblüte
4. sayōnara	**D** Hauptstadt der Insel Hokkaido
5. sumō	**E** roher Fisch
6. sakura	**F** Samurai-Krieger
7. sapporo	**G** Sumo-Sport
8. sushi	**H** Auf Wiedersehen

Notieren Sie die richtigen japanischen Begriffe unter den Bildern.

A ____________________

B ____________________

C ____________________

3

Im Japanischen wird das *s* immer scharf gesprochen wie in *Tasse*. Das „weiche", stimmhafte **s** wie bei *Sabine* würde man mit *z* wiedergeben.

Der Landesname Japans 日本, **Nihon** oder **Nippon** gelesen, setzt sich aus den chinesischen Schriftzeichen für *Sonne* 日 und *Ursprung* 本 zusammen und kann mit *Ursprung der Sonne* übersetzt werden.

Mit derzeit 127 Millionen Einwohnern ist Japan der viertgrößte Inselstaat der Welt. 13,7 Millionen Einwohner leben allein in der Hauptstadt.

Der Inselstaat Japan setzt sich aus vier Hauptinseln zusammen.

4

Achten Sie auf kurze und lange Vokale. Bei **Hokkaidō** ist das erste *o* kurz und das zweite lang, erkennbar am Längungsstrich.

LÖSUNG

1 1F, 2E, 3A, 4H, 5G, 6C, 7D, 8B • **2** A sakura, B sake, C sushi

Das ist Japan heißt auf Japanisch **Nihon desu**. Durch Anhänge von **desu** an ein Substantiv entsteht bereits ein vollständiger japanischer Satz. Vervollständigen Sie die Sätze.

Tōkyō desu. *Das ist Tokyo.*

Hokkaidō ____________.

Honshū ____________.

Shikoku ____________.

Kyūshū ____________.

Die Ländernamen sind einfach im Japanischen. Außer den asiatischen Staaten wie z. B. **nihon** *(Japan)* und **chūgoku** *(China* kommen Ihnen die weiteren hier aufgezählten Ländernamen sicher vertraut vor.

doitsu	*Deutschland*
itaria	*Italien*
igirisu	*England*
furansu	*Frankreich*
supein	*Spanien*
oranda	*Holland*

9

Ordnen Sie zu.

1. Doitsu desu.	___ **A**	*Das ist Amerika.*
2. Igirisu desu.	___ **B**	*Das ist Spanien.*
3. Amerika desu.	___ **C**	*Das ist Deutschland.*
4. Oranda desu.	___ **D**	*Das ist England.*
5. Supein desu.	___ **E**	*Das ist Holland.*

10

Auf der linken Seite sehen Sie nun verschiedene Ländernamen, auf der rechten Seite passende Hauptstädte. Lesen Sie alle Länder und Städte einmal laut. Verbinden Sie die passende Hauptstadt mit dem jeweiligen Land.

1. oranda	**A** pekin
2. nihon	**B** berurin
3. chūgoku	**C** rōma
4. itaria	**D** pari
5. doitsu	**E** amusuterudamu
6. furansu	**F** tōkyō

LÖSUNG

5 Hokkaidō desu, Honshū desu, Shikoku desu, Kyūshū desu. •
7 1C, 2D, 3A, 4E, 5B • **8** 1E, 2F, 3A, 4C, 5B, 6D

In Japan wird Höflichkeit großgeschrieben! Daher werden Ihnen dort viele verschiedene Begrüßungsformeln begegnen. Wenn Sie ein Kaufhaus betreten, hören Sie **Irasshaimase** *(Herzlich willkommen!).*

Bei der Begrüßung tauscht man auch Fragen nach dem Befinden aus.

Konnichiwa. O-genki desu ka? *Guten Tag. Wie geht es Ihnen?*
Arigatō gozaimasu. Genki desu. *Danke vielmals. Es geht mir gut.*

Bei der Anrede verwendet man die **Höflichkeitsvorsilbe o-**, wie in **O-genki desu ka.** Bei der Antwort verzichtet der Sprecher auf diese Vorsilbe und antwortet einfach **Genki desu.**

2

Füllen Sie die Lücken aus.

O-genki ____________?

Arigatō ____________. ____________ desu.

3

Hierarchien spielen in Japan eine große Rolle. Das spiegelt sich auch in der Sprache wider. Grundsätzlich gilt: Je länger eine Formulierung ist, desto höflicher ist sie. Dem Chef oder einer höhergestellten Persönlichkeit gegenüber verwendet man stärkere Höflichkeitsformen.

Die Form **arigatō gozaimasu** ist besonders höflich. Die einfache Form **arigatō** kann man zum Beispiel als Kunde einer Verkäuferin gegenüber anwenden.

12

Ordnen Sie die folgenden Ausdrücke für *Danke* nach dem Grad der Höflichkeit. Beginnen Sie mit der höflichsten Formulierung.

- arigatō
- dōmo arigatō gozaimasu
- arigatō gozaimasu

13

So kann man sich in Japan begrüßen und verabschieden.

Ohayō gozaimasu.
Guten Morgen.

Konban wa.
Guten Abend.

Oyasumi nasai.
Gute Nacht.

Jā ne.
Tschüss!

Auf Wiedersehen heißt auf Japanisch **Sayōnara**, unter Freunden **Mata ne!**

LÖSUNG

2 desu ka, gozaimasu, Genki • **4 1.** Dōmo arigatō gozaimasu. **2.** Arigatō gozaimasu. **3.** Arigatō.

Händeschütteln ist in Japan traditionell nicht üblich. Stattdessen verbeugt man sich voreinander. Trotzdem kann es Ihnen passieren, dass Ihnen ein interkulturell trainierter Japaner von sich aus die Hand gibt. Dann drücken Sie bitte nicht so kräftig zu, denn das wird von Japanern als unangenehm empfunden.

Lesen Sie noch einmal die wichtigsten Begrüßungsphrasen. Ordnen Sie den Phrasen die richtige Übersetzung zu.

1. **Irasshaimase.**
2. **Konnichi wa.**
3. **O-genki desu ka?**
4. **Genki desu.**
5. **Arigatō gozaimasu.**

- **A** *Wie geht es Ihnen?*
- **B** *Willkommen!*
- **C** *Danke.*
- **D** *Guten Tag.*
- **E** *Es geht mir gut!*

Konnichi w
Guten Tag.

Welche Grußformel passt zu welchem Bild? Ordnen Sie zu.

Konnichi wa. • Sayōnara. • Oyasumi nasai. • Jā ne.

1. ______ **2.** ______ **3.** ______ **4.** ______

8

Japaner tauschen gerne Geschenke aus, um die guten Beziehungen zu pflegen. Diese Geschenke heißen auf Japanisch **o-miyage**. Überreichen Sie Ihr Gastgeschenk mit den Worten **O-miyage desu, dōzo**. *(Dies ist mein Gastgeschenk, bitte sehr.)*

Sie sind am Abend bei japanischen Freunden zu Gast. Wählen Sie aus, welche Formulierungen Sie benutzen. Achtung: Nicht alle aufgeführten Ausdrücke kommen dabei zum Einsatz.

Ohayō gozaimasu. • Sayōnara. • O-miyage desu, dōzo. • Irasshaimase. • Konnichi wa. • Konban wa.

Zur Begrüßung sagen Sie: ______________________________.

Der Gastgeber begrüßt Sie mit: ______________________________.

Vor dem Betreten des Wohnbereiches sagen Sie: **O-jama shimasu.** (wörtlich: *Ich belästige Sie.)*

Der Gastgeber wird Ihnen den Weg weisen mit den Worten: **Dōzo, kochira e.** *(Hier entlang, bitte!)*

Wenn Sie Ihr Gastgeschenk überreichen, sagen Sie:

______________________________. *(Dies ist mein Gastgeschenk!)*

Zum Abschied sagen Sie: ______________________________.

LÖSUNG

6 1B, 2D, 3A, 4E, 5C • **7** **1.** Konnichi wa, **2.** Oyasumi nasai, **3.** Sayōnara, **4.** Ja nee • **9** Konnichi wa, Irasshaimase, O-miyage desu, dōzo, Sayōnara

otoko 男	onna 女	otoko no ko	onna no ko
Mann	Frau	Junge	Mädchen

Anrede: (Name +) san	Anrede: (Name +) san	Anrede: (Name +) kun	Anrede: (Name +) chan

Familie und Freunde 

tsuma/ okusan	meine/Ihre Frau	**ani/otōto**	älterer/jüngerer Bruder
otto/ dannasan	mein/Ihr Mann	**ane/ imōto**	ältere/jüngere Schwester
ryōshin	Eltern	**sofubo**	meine Großeltern
haha/ okāsan	meine/Ihre Mutter	**ojīchan obāchan**	Opa Oma
chichi/ otōsan	mein/Ihr Vater	**(Name +) oji(san)**	Onkel
kodomo (okosan)	(Ihre) Kind/er	**(Name +) oba(san)**	Tante
musuko	mein Sohn	**itoko**	Cousin/e
musume	meine Tochter		

tomodachi	Freund/-in	**dōryō**	Kollege/-in
kareshi, kanojo	Freund/-in (in einer Beziehung)	**gokinjosan**	Nachbar/-in

Farben 17

kiiro	gelb		
ao	blau	**chairo**	braun
aka	rot	**shiro**	weiß
midori	grün	**kuro**	schwarz

Aussehen 18

hosoi	schlank
futoi	dick
ookii	groß
chiisai	klein

kami (no ke)
Haare

megane
Brille

hige
Bart

kakkoii	gutaussehend (für Männer)
kirei/kawaii	schön, hübsch für Frauen/ Mädchen od. Kinder)

Berufe 19

kaishain
Angestellte/r

kenchikuka
Architekt/in

enjinia
Ingenieur/in

jānarisuto
Journalist/in

kyōshi
Lehrer/in

Die Vorstellung der eigenen Person (**jiko shōkai**) nimmt man in Japan sehr wichtig. Japaner nennen zuerst den Nachnamen, dann den Vornamen - z. B. Kurosawa Akira (ein japanischer Regisseur) oder Murakami Haruki (ein japanischer Schriftsteller). Bei der Vorstellung haben Sie zwei Möglichkeiten: Sie nennen entweder nur Ihren Nachnamen oder den kompletten Namen in der japanischen Reihenfolge: Nachname, Vorname.

So kann man sich auf Japanisch vorstellen:

O-namae wa?	*Wie ist Ihr Name?*
Myurā desu.	*(Mein Name) ist Müller.*
Myurā Petora desu.	*(Mein Name) ist Petra Müller.*

Im Japanischen können Satzteile entfallen, wenn klar ist, worüber gesprochen wird. Oft genügen - wie im obigen Satz **Myurā desu** - Verb und Objekt bzw. Verb und Prädikatsnomen. Das Subjekt (**namae wa** - *mein Name*) wird nicht benötigt, da es sich aus dem Kontext ergibt.

Die häufigsten japanischen Familiennamen setzen sich meist aus ganz einfachen Wortteilen zusammen.

yama	**kawa**	**shita**	**guchi**	**ta/da**	**mori**
Berg	*Fluss*	*unter, unten*	*Eingang*	*Feld*	*Wald*

Versuchen Sie, diese Familiennamen zu übersetzen:

1. Yamashita *„Unter dem Berg"*

2. Yamaguchi ____________________

3. Morita ____________________

4. Kawada ____________________

5. Kawaguchi ____________________

Die Begrüßungsfloskel **konnichi wa** *(Guten Tag)* kennen Sie schon. Für die erste Begegnung gibt es im Japanischen jedoch besondere Redewendungen.

Hajimemashite. — *Darf ich mich vorstellen?*

Dōzo, yoroshiku. oder **Yoroshiku onegai shimasu.** — *Angenehm, Sie kennen zu lernen.*

LÖSUNG

3 **2.** Bergeingang, **3.** Waldfeld, **4.** Flussfeld, **5.** Flusseingang

5 23

Die junge Studentin Tanpo Miki stellt sich vor. Vervollständigen Sie den Text.

1. ________________.	*Darf ich mich vorstellen?*
2. Tanpo ________ **desu.**	*Ich bin Miki Tanpo.*
3. ________ **onegai shimasu.**	*Angenehm, Sie kennen zu lernen.*

6 24 2

Im vorigen Kapitel haben Sie bereits einige Ländernamen kennen gelernt. Mit den Suffixen **jin** für *Mensch* und **go** für *Sprache* können Sie gleich auch die Landessprache und die jeweiligen Landsleute benennen.

Lesen Sie die untenstehenden Begriffe. Ordnen Sie den Ländernamen jeweils ein **L** zu, der Landessprache ein **S** und den Bewohnern eines Landes ein **B**:

__ ōsutoria	__ chūgoku-go	__ itaria-jin
__ nihon	B doitsu-jin	__ ē-go
__ chūgoku-jin	__ supein-jin	__ doitsu-go
L furansu	__ amerika-jin	__ furansu-jin
__ igirisu	__ itaria-go	__ doitsu
__ supein-go	S nihon-go	__ amerika

ē-go – Englisch

7

Die Schweiz heißt übrigens **suisu**, die Schweizer nennt man folgerichtig ______________. Die verschiedenen Landessprachen der Schweiz finden Sie in Übung 6 – mit Ausnahme von **retoroman-go**, dem ______________.

8 § 3

Japanische Substantive besitzen keine männliche oder weibliche Form, ebenso wenig einen Singular oder Plural. **Nihon-jin** könnte also folgende Übersetzungen haben:

ein Japaner	*mehrere* ______________
eine ______________	*mehrere Japanerinnen*

9 § 2, 4

Ihrer Selbstvorstellung können Sie nun auch die Nationaliät hinzufügen: **Myurā desu. Doitsu-Jin desu.**

Ergänzen Sie die Nationalität der einzelnen Personen.

Tanpo desu.	Nihon-jin desu.
Mirā desu.	______________. (GB)
Montero desu.	______________. (E)
Batini desu.	______________. (I)
Deron desu.	______________. (F)

LÖSUNG

5 1. Hajimemashite **2.** Miki **3.** Yoroshiku • **6** Spalte links: L,L,B, L,L,S
Spalte Mitte: S,B,B,S,S, Spalte rechts: B, S, S, B, L, L • **7** suisu-jin,
Rätoromanischen • **8** eine Japanerin, mehrere Japaner. • **9** Igirisu-jin desu.
Supein-jin desu. Itaria-jin desu. Furansu-jin desu.

Wenn Sie geschäftlich nach Japan reisen, sollten Sie immer eine **meishi** *(Visitenkarte)*, am besten mit japanischer Übersetzung auf der Rückseite, parat haben. Wenn Sie eine Visitenkarte überreichen oder entgegennehmen, tun Sie dies am besten respektvoll mit beiden Händen. Gehen Sie auch sonst höflich mit der Visitenkarte um. Schreiben Sie zum Beispiel vor den Augen des Besitzers oder der Besitzerin in keinem Fall etwas auf die Karte.

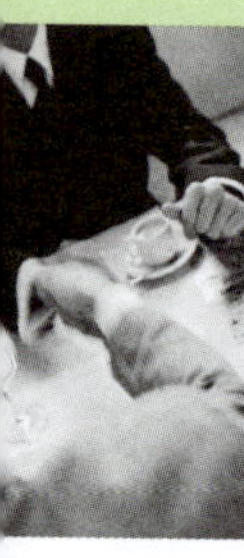

Die richtige Anrede einer Person ist von großer Bedeutung. Das Suffix **-san** bedeutet *Herr* oder *Frau* und wird bei der Anrede einer Person an den Namen angehängt. Während man im Geschäftsleben fast ausschließlich den Nachnamen benutzt, kann im Privaten das **-san** durchaus auch an den Vornamen eines Freundes oder einer Freundin angehängt werden. **-san** darf man in keinem Fall für die eigene Person bzw. für eine Person aus der eigenen Gruppe oder Familie benutzen.

2

Wo muss **-san** gestrichen werden? Kreuzen Sie an.

1. ▪ Tanaka-san, o-genki desu ka?
2. ▪ Hajimemashite. Myurā-san desu.
3. ▪ Ā, Satō-san, kon'nichi wa?
4. ▪ O-namae wa? – Kawaguchi-san desu.

3

Wenn Sie andere Personen vorstellen, sollten Sie die Worte **kochira wa** *(Dies ist ...)* vor den Namen der Person setzen.

Kochira wa Miki-san desu. *Dies hier ist Miki.*

4 25

Bei welchen der folgenden Sätze wird eine Person aus der eigenen Gruppe vorgestellt? Kreuzen Sie an.

1. ▪ Kochira wa Myurā desu.
2. ▪ Kochira wa Kobayashi-san desu.
3. ▪ Kochira wa Sakai-san desu.
4. ▪ Kochira wa Gotō desu.

5 § 3, 7

Japanische Nomen besitzen weder Singular- noch Pluralformen noch eine weibliche oder männliche Form. Auch die japanischen Verben sind sehr universell. Sie werden nicht gebeugt. **desu** bedeutet *sein* für alle Personen im Singular und Plural. »

LÖSUNG

2 san streichen: 2, 4 • **4** Person aus der eigenen Gruppe: 1, 4

Nihon-jin desu kann also bedeuten:

Ich bin Japaner / Japanerin.	*Wir sind Japaner / Japanerinnen.*
Du bist Japaner / Japanerin.	*Ihr seid Japaner / Japanerinnen.*
Er ist Japaner. / Sie ist Japanerin.	*Sie sind Japaner / Japanerinnen.*

Schreiben Sie mögliche Übersetzungen für diese japanischen Sätze auf.

konpyūtā - *Computer*
ringo - *Apfel*

Konpyūtā desu.

____.

Ringo desu.

____.

Nachdem Sie eine Visitenkarte erhalten haben, sollten Sie den Namen des Gegenübers noch einmal wiederholen. So können Sie sich gleich die richtige Aussprache einprägen. Zum Beispiel so:

Ä, Taguchi-san desu ne. *Ah, Herr Taguchi, nicht wahr?*

Ihr Gegenüber könnte sagen:

Hai, sō desu. *Ja, so ist es.*

Hai, sō desu hört man in Japan sehr häufig. Japaner legen sehr viel Wert auf Harmonie und Konsens. Das gilt auch für die Kommunikation. Sogenannte zustimmende Floskeln wie **sō desu, sō desu ne** (*Ja, nicht wahr?*) oder **sō, sō, sō** bekräftigen, dass man dem anderen wohlgesonnen ist. Sie bedeuten aber nicht unbedingt Zustimmung, sondern signalisieren nur: *Ich höre zu. Bitte sprechen Sie weiter.* Das gilt auch für das Wort **hai** (*ja*).

7 26

Ordnen Sie den wichtigsten Phrasen für Begrüßung und Small-talk die richtige Übersetzung zu.

1. Irasshaimase.	___	**A** *Wie geht es Ihnen?*
2. Konnichi wa.	___	**B** *Mein Name ist Gotō.*
3. O-genki desu ka?	___	**C** *Dies ist Frau Uchida.*
4. Arigatō. Genki desu.	___	**D** *Wie ist Ihr Name?*
5. O-namae wa?	___	**E** *Darf ich mich vorstellen?*
6. Gotō desu.	___	**F** *Herr Itō, nicht wahr?*
7. Hajimemashite.	___	**G** *Guten Tag.*
8. Yoroshiku onegai shimasu.	___	**H** *Danke, gut.*
9. Itō-san desu ne.	___	**J** *Schön, Sie kennen zu lernen.*
10. Kochira wa Uchida-san desu.	___	**K** *Willkommen.*

LÖSUNG

6 Das ist ein / der Computer. Das sind (die) Computer. Das ist ein / der Apfel. Das sind (die) Äpfel. • **7** 1K, 2G, 3A, 4H, 5D, 6B, 7E, 8J, 9F, 10C

Auch Berufsbezeichnungen gehören zur Vorstellung der eigenen Person. Im Japanischen sind viele Berufsbezeichnungen aus dem Englischen übernommen:

enjinia = *engineer (Ingenieur),*
suchuwādesu = *stewardess (Flugbegleiterin)*
uētoresu = *waitress (Kellnerin)*
pairotto = *pilot (Pilot)*
manējā = *manager (Manager)*

Natürlich gibt es auch original japanische Berufsbezeichnungen.

kenchiku-ka
Architekt/-in

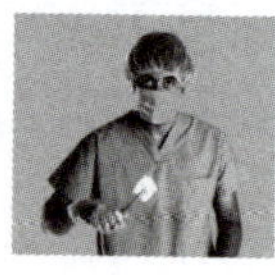

isha
Arzt/Ärztin

bengo-shi
Anwalt/ Anwältin

kaisha-in
Angestellte/r

Ähnlich wie bei den Nationalitäten werden auch viele Berufsbezeichnungen mit Suffixen gebildet. Allerdings gibt es verschiedene Möglichkeiten. Lernen Sie das passende Suffix am besten auswendig.

-ka
kenchiku-ka *Architekt/-in*
ongaku-ka *Musiker/-in*
honyaku-ka *Übersetzer/-in*

-shi
bengo-shi
Rechtsanwalt/-anwältin

-in
ginkō-in *Bankangestellte/-r,*
kaisha-in *Angestellte/-r,*

-ya
hon-ya
Buchhändler/-in

Hier stellen sich verschiedene Personen vor.

Shumitto desu. Doitsu-jin desu. Kaisha-in desu.
Gorini desu. Itaria-jin desu. Bengo-shi desu.
Tanaka desu. Nihon-jin desu. Isha desu.
Rīmu desu. Ōsutoria-jin desu. Ginkō-in desu.

Sind die folgenden Aussagen richtig (R) oder falsch (F)?

1. *Herr Rihm ist ein österreichischer Bankangestellter.* ____

2. *Frau Gorini ist eine italienische Lehrerin.* ____

3. *Herr Tanaka ist ein japanischer Arzt.* ____

4. *Frau Schmidt ist eine deutsche Übersetzerin.* ____

LÖSUNG

4 1R, 2F, 3R, 4F

5 31 § 1, 4

Tanaka-san wa isha desu. *Herr Tanaka ist Arzt.*

Im Japanischen steht das Wort **wa** hinter dem Subjekt oder Thema eines Satzes. **wa** ist eine so genannte Partikel und bedeutet in etwa *was … betrifft*. Partikeln sind kurze Funktionswörter, die anzeigen, welche grammatische Funktion ein Wort oder eine Gruppe von Wörtern innerhalb eines Satz einnimmt. **wa** bezeichnet man als Themapartikel.

Myūrā-san wa doitsu-jin desu. *Frau Müller ist Deutsche.*
Batīni-san wa bengo-shi desu. *Herr Batini ist Anwalt.*

Vervollständigen Sie die folgenden Sätze.

1. Itō-san ______ kenchiku-ka desu.

2. Obama-san ______ amerika-jin ______.

3. Dōmu-san ______ kaisha-in ______.

6

Ordnen Sie die Wörter so, dass ein korrekter Satz entsteht.

wa / isha / desu / Gotō-san ______________________.

Arudo-san / desu / wa / itaria-jin ______________________.

desu / hon-ya / Buraun-san / wa ______________________.

7 § 18

Kore heißt *dies*. **Kore wa doitsu desu** heißt also *Dies ist Deutschland.* Formulieren Sie Bildunterschriften mit **kore wa**:

rapputoppu – *Laptop*

1

2

3

4

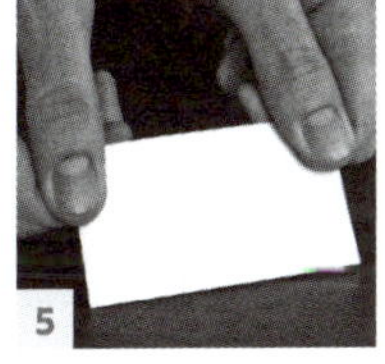
5

6

1. Kore wa ______ desu.
2. ______.
3. ______ ______.
4. ______.
5. ______.
6. ______.

LÖSUNG

5 1. wa, **2.** wa, desu **3.** wa, desu • **6** Gotō-san wa isha desu. Arudo-san wa itaria-jin desu. Buraun-san wa hon-ya desu. •
7 1. Kore wa nihon desu. **2.** Kore wa sakura desu. **3.** Kore wa sake desu. **4.** Kore wa sushi desu. **5.** Kore wa meishi desu. **6.** Kore wa rapputoppu desu.

Smalltalk 32

Oku-san no oshigoto wa nan desu ka?
Was macht Ihre Frau beruflich?

Tsuma wa Daimurā ni tsutomete imasu. Enjinia desu.
Meine Frau arbeitet bei Daimler. Sie ist Ingenieurin.

Hē, daimurā no enjinia desu ka. Sugoi desu ne.
Ach, sie ist Ingenieurin bei Daimler. Das ist ja super.

Wetter 33

Atsui.
Es ist heiß.

Samui ne.
Es ist kalt, nicht wahr?

Suzushii desu.
Es ist kühl.

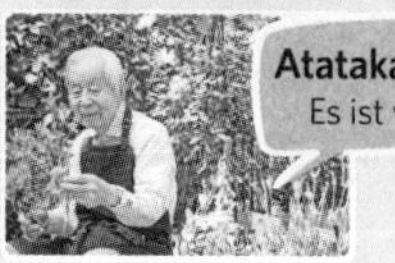

Atatakai desu.
Es ist warm.

tenki	Wetter	**hare**	sonnig
taiyō	Sonne	**kumori**	bewölkt
kumo	Wolken	**mushi atsui**	schwül
ame	Regen	**ii**	gut
yuki	Schnee	**warui**	schlecht
kaze	Wind	**kawari yasui**	wechselhaft

Wohnen 34

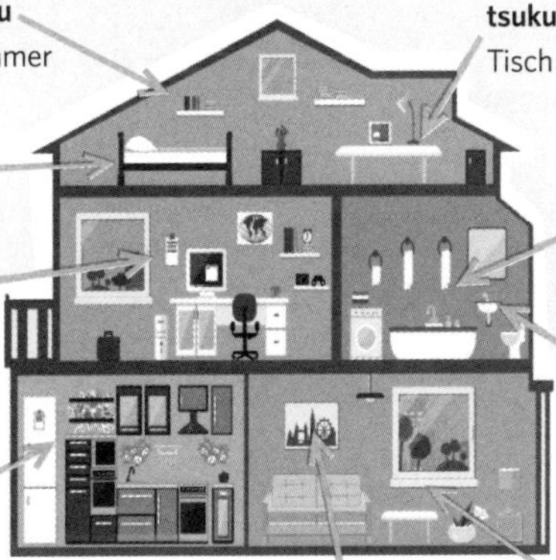

ie
Haus/
Wohnung

shinshitsu
Schlafzimmer

tsukue
Tisch

heya
Zimmer

beddo
Bett

ofuro
Badezimmer

hosai
rbeits-
mmer

senmendai
Waschbecken

aidokoro
üche

ribingu
Wohnzimmer

shashin
Foto

niwa	Garten
garēji	Garage
beranda	Balkon
kagu	Möbel
kabe	Wand

hikkoshi	Umzug
akarui	hell
chiisai	klein
hiroi	geräumig
semai	(räumlich) eng

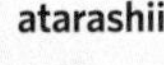

atarashii
neu

furui
alt

Smalltalk wird in Japan großgeschrieben, denn die leichte Unterhaltung eignet sich perfekt, um zwischenmenschliche Beziehungen aufzubauen und zu pflegen. Wichtig ist es, Themen zu finden, die einen gemeinsamen Nenner und eine wohlwollende Kommunikation auf beiden Seiten ermöglichen. Neben naheliegenden Themen wie dem Wetter sprechen Japaner auch gerne über das Essen und über Vergleiche zwischen Japan und anderen Ländern. Natürlich sollten Sie sich dabei nur positiv über Japan äußern und heikle historische oder politische Themen meiden.

Lesen Sie den folgenden kurzen Smalltalk-Dialog.

shigoto - *Arbeit,* **nan / nani** - *was?,* **ni tsutomete imas** - *arbeiten bei,* **Boss** - *Bosch,* **doko** - *wo* **ni sunde imasu** - *wohnen in*

A: **O-shigoto wa nan desu ka?** *Was ist Ihre Arbeit?*

B: **Enjinia desu.** *(Ich bin) Ingenieur.*
Bosshu ni tsutomete imasu. *(Ich) arbeite bei Bosch.*

A: **Doko ni sunde imasu ka?** *Wo wohnen Sie?*

B: **Tōkyō ni sunde imasu.** *(Ich) wohne in Tokyo.*

ka ist die so genannte Fragepartikel. Sie kennen sie schon aus **O-genki desu ka? ka** am Ende eines Satzes verwandelt einen Aussagesatz in einen Fragesatz.

2 36

Bilden Sie aus den folgenden Aussagesätzen Fragesätze.

1. Nihon desu. ____________________
2. Andō-san wa enjinia desu. ____________________
3. Kore wa sake desu. ____________________

3

Wenn Sie nach dem Beruf fragen, kann es sein, dass man Ihnen antwortet: **Toyota desu** ***(Ich arbeite bei Toyota).*** Sie können also auch den Firmennamen anstelle des konkreten Berufs nennen.

4 37 § 8

Mit **sunde imasu** und **tsutomete imasu** haben Sie eine der wichtigsten Verbformen im Japanischen kennen gelernt: die so genannte **te-Form**. Diese Form heißt so, weil die Endung -te (manchmal allerdings auch auf **-de** oder auf **-tte**) lautet.

In den folgenden Beispielen werden die Verben der te-Form mit dem Verb **imasu** kombiniert. Markieren Sie Verben in der te-Form.

1. Tōkyō ni sunde **imasu**. *(Ich wohne in Tokio.)*
2. Bosshu ni tsutomete **imasu**. *(Ich bin bei Bosch angestellt.)*
3. Kekkon shite **imasu** ka. *(Sind Sie verheiratet?)*
4. Nihon-go o benkyō shite **imasu**. *(Ich lerne Japanisch.)* »

LÖSUNG

2 Nihon desu ka? Andō-san wa enjinia desu ka? Kore wa sake desu ka?

4 **1.** sunde, **2.** tsutomete, **3.** shite, **4.** shite

Meistens drückt die **te**-Form + **imasu** aus, dass man gerade dabei ist, etwas zu tun.

Bei einigen Verben, wie bei *wohnen, studieren, angestellt* oder *verheiratet sein,* wird mit der **te-Form** auch ein länger währender Zustand ausgedrückt.

Sie müssen die te-Formen nicht selbst bilden können. Lernen Sie sie einfach wie Vokabeln.

Lesen Sie den folgenden Dialog zwischen der Studentin Miki und dem Polizisten Maeda. Die Vokabeln im Kreis benötigen Sie, um alles verstehen zu können.

kochira koso - *dank gleichfalls,*
gakusei - *Studentin,*
Ueno und **Kanda** - *Stadtteile von Tokyo,*
keiji - *Polizeiinspekt*

Miki Tanpo:	Tanpo Miki desu.
Maeda:	Maeda desu.
Miki Tanpo:	Hajimemashite. Dōzo yoroshiku.
Maeda:	Kochira koso, dōzo yoroshiku.
Miki Tanpo:	Tōkyō no Ueno ni sunde imasu. Gakusei desu. Maeda-san wa?
Maeda:	Tōkyō no Kanda ni sunde imasu. Keiji desu.

6 § 4

no ist die Genitivpartikel. Sie zeigt Besitz oder Zugehörigkeit an und ist mit dem 2. Fall im Deutschen vergleichbar. **no** wird wie alle Partikeln nachgestellt, steht also hinter dem Bezugswort. Hier einige Beispiele für die Verwendung von **no**:

Oda-san no konpyūtā	*der Computer von Herrn Oda*
Bosshu no Morikawa-san	*Herr Morikawa von Bosch*
Tōkyō no Ueno	*Ueno in Tokyo*
Harada-san ___ shigoto	*die Arbeit von Frau Harada*
Nihon-go ___ benkyō	*das Japanischlernen*

7 § 4

Setzen Sie die Partikeln **wa** (Thema), **no** (Genitiv) und **ka** (Frage) an die richtige Stelle.

1. Kore ___ Tanpo-san ___ konpyūtā desu ___?

2. O-shigoto ___ nan desu ___?

3. Ōhara-san ___ gakusei desu ___?

4. Tōkyō ___ Ueno ni sunde imasu ___?

5. Tanpo-san ___ Maeda-san ___ tomodachi desu ___?

6. Itō-san ___ bengo-shi desu ___?

tomodachi – *Freund, Freundin (platonisch)*

LÖSUNG

6 no, no • **7 1.** wa, no, ka? **2.** wa, ka? **3.** wa, ka? **4.** no, ka? **5.** wa, no, ka? **6.** wa, ka?

Japanische Städte sind bekannt für ihre engen Wohnverhältnisse. Viele Familien leben in einem kleinen **apāto** (*einfaches Apartment in einem zweistöckigen Haus*) oder einem **manshon** (*Wohnung in einem Wohnblock*) zusammen. Wer etwas mehr Platz haben und weniger bezahlen möchte, zieht oftmals in eine Vorstadt und nimmt damit weite Wege von ein bis zwei Stunden auf sich, um zur Arbeit zu kommen. Angestellte von Firmen finden oft in den **ryō** (*Wohnheimen*) ihrer Unternehmen Platz. Aber natürlich gibt es - auch in Tokyo - **ikkodate** (*freistehende Einfamilienhäuser*).

1 39

Hier sehen Sie drei der genannten japanischen Wohnformen im Bild. Vervollständigen Sie die Sätze und ordnen Sie sie den Bildern zu.

1

2

3

___ **A** Ikkodate ni sunde imasu.

___ **B** Ryō ni ______________.

___ **C** Watashi wa apāto ______________.

watashi
ich

2

In der Regel verwendet man keine Personalpronomen im Japanischen. Meistens geht aus dem Inhalt hervor, von wem die Rede ist. So auch im vohergehenden Beispiel: Nur einmal heißt es **watashi wa** ... Aber auch in den beiden anderen Beispielen ist klar, dass in der Ich-Form gesprochen wird.

Natürlich gibt es Personalpronomen:

watashi = *ich*   **anata** = *Sie*

Um die eigene Person nicht zu stark zu betonnen, verzichtet man oft auf **watashi**. Bei der Ansprache einer anderen Person benutzt man lieber den Nachnamen plus **san** anstelle von **anata**.

Itō-san wa bengo-shi desu ka? *Herr Itō, sind Sie Rechtsanwalt?*

3 40

Bei modernen Apartments sind für die Bezeichnung der Zimmer oft Anglizismen üblich. Ordnen Sie die Begriffe zu.

1. kitchin	___	**A** *Balkon*
2. dainingu *(dining room)*	___	**B** *Toilette*
3. ribingu *(livingroom)*	___	**C** *Küche*
4. barukonī	___	**D** *Esszimmer*
5. toire	___	**E** *Wohnzimmer*

LÖSUNG

1 1. B sunde imasu; **2.** C ni sunde imasu; **3.** A • **3** 1C, 2D, 3E, 4A, 5B

Zu den wichtigen Räumen im traditionellen japanischen Haus gehören:

genkan	*Eingang*	**ima**	*Wohnzimmer*
daidokoro	*Küche*	**shosai**	*Arbeitszimmer*
o-furoba	*Bad*	**shinshitsu**	*Schlafzimmer*

Fragen Sie nach den folgenden Zimmern, indem Sie die Konstruktion **... wa doko desu ka?** (*Wo ist ...?*) benutzen.

1. ____________________  ____________________

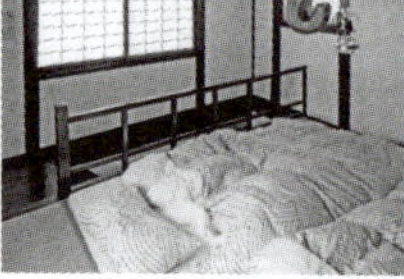

3. ____________________  ____________________

5. ____________________ 6. ____________________

6 42

Auf **doko desu ka?** können Sie antworten:

Koko desu.	*Hier ist es.*
Asoko desu.	*Dort drüben ist es.*

„Wo sind wir hier?" heißt auf Japanisch: **Koko wa _____ desu ka?**

7

Übersetzen Sie.

Willkommen. Dies ist mein Apartment.

______________________________.

Wo ist die Toilette?

______________________________.

Die Toilette ist dort drüben.

______________________________.

LÖSUNG

5 1. ima wa doko desu ka? **2.** Daidokoro (kitchin) wa doko desu ka? **3.** toire wa doko desu ka? **4.** Shinshitsu wa doko desu ka? **5.** Genkan wa doko desu ka? **6.** shosai wa doko desu ka? • **6** doko • **7** Irasshaimase. Kore wa watashi no apāto desu. Toire wa doko desu ka? Toire wa asoko desu.

Kleidung

43

44

saizu	Größe
chiisai	klein
ookii	groß
shichaku shimasu	anprobieren
pittari	passen
niaimasu	stehen

Shatsu wa arimasu ka?
Haben Sie ein Hemd?

Arimasu yo. Yoku oniai desu.
Ja, das gibt es. Das steht Ihnen gut.

Kore kudasai.
Das nehme ich.

Saizu wa ikaga desu ka?
Passt Ihnen die Größe?

Hai, pittari desu.
Ja, das passt mir perfekt.

Einkaufen 45

Kore wa ikura desu ka?
Wie viel kostet das?

Sen gohyaku en desu.
Das kostet 1500 Yen.

nedan	Preis
okane	Geld
osatsu	Geldschein
kozeni	Kleingeld
ētīemu (ATM)	Geldautomat
yasui	günstig
takai	teuer

nagai	lang
mijikai	kurz

Zahlen 46

100	**hyaku**	hundert	1000	**sen**	tausend
200	**nihyaku**	zweihundert	2000	**nisen**	zweitausend
300	**sanbyaku**	dreihundert	3000	**sanzen**	dreitausend
400	**yonhyaku**	vierhundert	4000	**yonsen**	viertausend
500	**gohyaku**	fünfhundert	5000	**gosen**	fünftausend
600	**roppyaku**	sechshundert	6000	**rokusen**	sechstausend
700	**nanahyaku**	siebenhundert	7000	**nanasen**	siebentausend
800	**happyaku**	achthundert	8000	**hassen**	achttausend
900	**kyūhyaku**	neunhundert	9000	**kyūsen**	neuntausend
			10000	**ichiman**	zehntausend

Hier sehen Sie einige Kleidungsstücke. Viele Bezeichnungen für Kleidung sind aus dem Englischen entnommen.

sētā

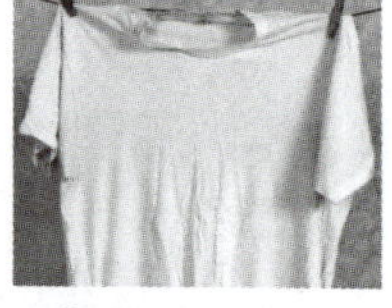

tīshatsu

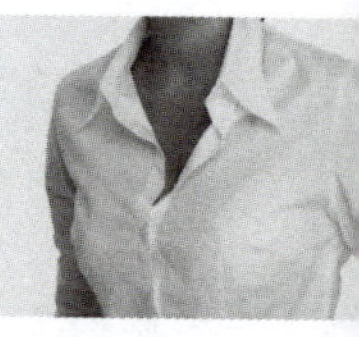

burausu

sukāto

kutsu

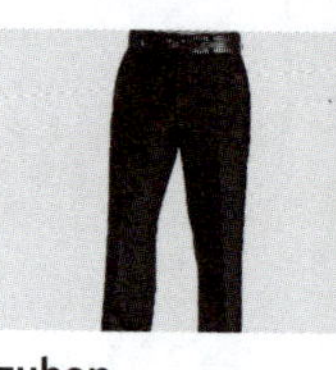

zubon

Ordnen Sie die japanischen Begriffe der richtigen deutschen Übersetzung zu. Ein Tipp: Auch hier gehen Sie am besten vom Englischen aus.

1. wanpīsu	___ **A** *Stiefel*
2. nekutai	___ **B** *Kleid*
3. kōto	___ **C** *Krawatte*
4. būtsu	___ **D** *Mantel*

3

So fragen Sie im Geschäft nach bestimmten Kleidungsstücken oder anderen Produkten:

Tīshatsu **wa arimasu ka**? *Gibt es T-Shirts? Führen Sie ...?*

Fragen Sie im Kaufhaus bzw. im Restaurant nach den folgenden Produkten:

Blusen ______________________

Sushi ______________________

Mäntel ______________________

Sake ______________________

4 49

Wie lauten diese Sätze im Deutschen?

1. Satō-san no kōto desu ka?

____

2. Watashi no wanpīsu wa doko desu ka?

____

3. Nekutai wa arimasu ka?

____

LÖSUNG

2 1B, 2C, 3D, 4A • **3** Burausu wa arimasu ka? Sushi wa arimasu ka? Kōto wa arimasu ka? Sake wa arimasu ka? • **4 1.** Ist das der Mantel von Herrn/Frau Satō? **2.** Wo ist mein Kleid? **3.** Führen Sie Krawatten?

5 50

Jetzt wird es bunt. Hier finden Sie die Farben.

akai	*rot*	**shiroi**	*weiß*
kuroi	*schwarz*	**midori-iro**	*grün*
aoi	*blau*	**kiiroi**	*gelb*
pinku-iro	*pink*	**chairo**	*braun*
orenji-iro	*orange*	**gurē**	*grau*

Beschreiben Sie die folgenden Kleidungsstücke nach folgendem Satzmuster:

Burausu wa kiiroi desu. - *Die Bluse ist gelb.*

1. *Krawatte - rot* ______________________
2. *Kleid - grün* ______________________
3. *Pullover - weiß* ______________________
4. *Stiefel - schwarz* ______________________
5. *Hose - grau* ______________________

In Japan dürfen Sie die Umkleidekabinen nicht mit Schuhen betreten, genau wie beispielsweise auch Arztpraxen oder Wohnhäuser.

7

Sehen Sie sich die untenstehenden Bilder an. Welches Adjektiv passt zu welchem Bild?

takai – *teuer* ▪ **yasui** – *billig* ▪ **nagai** – *lang* ▪ **mijikai** – *kurz*

1. ____________________ **2.** ____________________

500 ¥

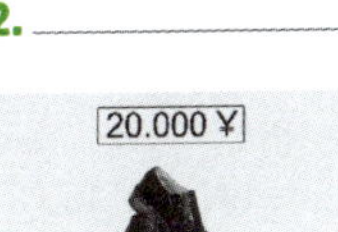

3. ____________________ **4.** ____________________

8

Ergänzen und übersetzen Sie.

1. Burausu wa nagai desu ka? ____________________?

2. Sukāto wa mijikai ________ **ka?** *Ist der Rock* ________?

3. Nekutai ________ **takai** ____________? ____________________?

4. Sētā ____________________. *Der Pullover ist billig.*

LÖSUNG

6 1. Nekutai wa akai desu. **2.** Wanpīsu wa midori-iro desu. **3.** Sētā wa shiroi desu. **4.** Būtsu wa kuroi desu. **5.** Zubon wa gurē desu. ▪ **7 1.** nagai, **2.** mijikai, **3.** yasui, **4.** takai ▪ **8 1.** *Ist die Bluse lang?* **2.** desu *kurz* **3.** ...wa ...desu ka *Ist die Krawatte teuer?* **4.** wa yasui desu.

Japan bietet vielfältige Einkaufsmöglichkeiten und muss nicht immer so teuer sein wie sein Ruf. Die *Kaufhäuser* (**depāto**) bieten im Gegensatz zu Deutschland zwar vorwiegend sehr hochwertige Produkte. Doch es gibt Alternativen wie die preisgünstigen unterirdischen Einkaufspassagen, die sich oft an Bahnhöfen befinden, oder *Convenience Stores* (**konbini**), die 24 Stunden geöffnet sind. Unschlagbar günstig sind *100 Yen-Läden* (**hyaku-en shoppu**), wo alles 100 Yen kostet.

Mithilfe der neuen Vokabeln rechts können Sie den folgenden Dialog lesen.

saifu - *Portemonnaie*
ikaga desu ka? - *Wie ist es?*, **chotto** - *ein wenig,*
ii - *gut,*
Kore wo kudasai. - *Dieses bitte.*

Kunde:	Kuroi saifu wa arimasu ka?
Verkäuferin:	Hai, arimasu. Kore wa ikaga desu ka?
Kunde:	Chotto takai desu.
Verkäuferin:	Kore wa yasui desu. Ikaga desu ka?
Kunde:	Ii desu ne. Kore wo kudasai.

Die Partikel **ne** wird im Japanischen sehr oft am Ende eines Satzes benutzt. Sie entspricht dem Deutschen *„nicht wahr?"*, zum Beispiel in **sō desu ne** *(Ja, so ist es, nicht wahr?)*

Im vorhergehenden Dialog kommt mehrfach das schon bekannte Wort **kore** vor. **Kore** (*dies*) bezieht sich auf etwas, das sich beim Sprecher befindet. Um die unterschiedliche Entfernung von Dingen deutlich zu machen, benutzt man in Japan daneben auch **sore** (bezieht sich auf etwas, was sich beim Hörer befindet) und **are** (bezieht sich auf etwas außerhalb des Bereichs von Sprecher und Hörer).

Setzen Sie das passende Fürwort ein:

kore • sore • are

1. Das Portemonnaie von Herrn Oda liegt außerhalb des Bereichs der beiden Gesprächspartner.

   ________ wa Oda-san no saifu desu.

2. Der Angesprochene steht näher beim **denwa** (*Telefon*) als der Sprecher.

   ________ wa denwa desu.

3. Der Sprecher steht näher beim Computer als der Zuhörer.

   ________ wa konpyūta desu.

LÖSUNG

3 **1.** Are, **2.** Sore, **3.** Kore

Schauen Sie sich die Bilder an und lesen Sie die zugehörigen Aussagen. Welche Aussage passt am besten zum Bild? Kreuzen Sie an.

tēburu - *Tisch*
keitai denwa - *Mobiltelefon*

- **A** Sore wa tēburu desu.
- **B** Kore wa tēburu desu.
- **C** Are wa tēburu desu.

- **A** Sore wa keitai denwa desu.
- **B** Are wa keitai denwa desu.
- **C** Kore wa keitai denwa desu.

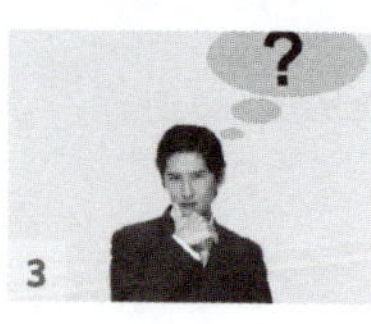

- **A** Are wa konbini desu.
- **B** Sore wa konbini desu.
- **C** Konbini wa doko desu ka?

So fragen Sie nach dem Preis:

Kunde: **Ikura desu ka?** *(Was kostet das?)*
Verkäuferin: **Hyaku en desu.** *(Das kostet 100 Yen.)*

hyaku - 100; **sen** - 1.000; **ichi-man** - 10.000

Die japanische Währung heißt auf Japanisch **en** (円). Mittlerweile gibt es in japanischen Geschäften viele günstige Angebote. Längst kaufen Japaner nicht mehr nur Luxuswaren. Das Feilschen um Produkte und Preise ist in Japan aber immer noch weitestgehend tabu, außer auf traditionellen Gemüsemärkten.

6

Tragen Sie die richtigen Wörter in die Lücken ein.

ichi-man en • chotto • arimasu ka • kudasai • arimasu • mijikai • nagai • desu ka • ikura

1. **Kunde:** Kuroi kōto wa ______________?
2. **Verkäuferin:** Hai, ______________. Kore wa ikaga ______________?
3. **Kunde:** ______________ nagai desu ne.
4. **Verkäuferin:** Kore wa ______________ desu. Ikaga desu ka?
5. **Kunde:** Ii desu ne. ______________ desu ka?
6. **Verkäuferin:** ______________ desu .
7. **Kunde:** Kore wo ______________.

Verkäuferin: Dōmo arigatō gozaimasu.

LÖSUNG

4 1B, 2A, 3C. • **6** **1.** arimasu ka **2.** arimasu. desu ka **3.** Chotto **4.** mijikai **5.** Ikura **6.** ichi-man en **7.** kudasai

Familie 54

Okosan wa imasu ka?
Haben Sie Kinder?

Ee, musuko ga futari to musume ga hitori imasu. Koko ni shashin ga arimasu.
Ja, ich habe zwei Söhne und eine Tochter. Hier habe ich ein Foto.

Wā, kawaii desu ne.
Ach, sie sind ja süß.

hitori	ein Person
futari	zwei Personen
san'nin	drei Personen
yo'nin	vier Personen
go'nin	fünf Personen

	Eigene Familie	**Fremde Familie**
Kinder	kodomo	o-ko-san
Sohn/Söhne	musuko	musuko-san
Tochter/Töchter	musume	musume-san /o-jōsan
Ehemann	otto	danna-san
Ehefrau	tsuma	oku-san

imasu	es gibt (ein Lebewesen)
arimasu	es gibt (ein unbelebtes Ding)

kirei	schön
kawaii	süß/hübsch
oshare	schick/elegant

Stärken und Schwächen 55

Sakkā ga suki desu ka?
Spielen Sie gern Fußball?

Heta desu yo. Demo suki desu.
Ich spiele zwar nicht gut, aber gern.

... ga suki desu	jmd. mag ...
... ga kirai desu	jmd. mag nicht gern...
... ga jōzu desu	jmd. kann etw gut
... ga heta desu	jmd. kann etw nicht so

Kommunikation 56

Ida san, chotto iidesu ka?
Frau Ida, darf ich Sie kurz stören?

Hai, dōzo. Dōshitano?
Ja, bitte. Was ist los?

Kodomo ga netsu wo dashita node, sōtai shitemo ii desu ka?
Da mein Kind Fieber hat, kann ich früher gehen?

Daijōbu yo. Odaijini.
Kein Problem. Gute Besserung.

Sumimasen.
Danke schön (= Entschuldigung).

Auch wenn es oft heißt, dass die Firma in Japan die Familie ersetzt, so spielen familiäre Beziehungen und deren Pflege doch eine große Rolle in Japan. Das wichtigste Fest, an dem die Familie zusammenkommt, ist das japanische **o-shōgatsu** (*Neujahrsfest*), das am ersten Januar gefeiert wird. Eine große Rolle spielt auch das Allerseelenfest Mitte August.

Im Japanischen benutzt man für die einzelnen Familienmitglieder unterschiedliche Bezeichnungen – je nachdem, ob man über die eigenen Verwandten oder die des Gesprächspartners spricht.

	eigen	fremd
Kinder	**kodomo**	**o-ko-san**
Tochter	**musume**	**musume-san /ojō-san**
Sohn	**musuko**	**musuko-san**
Ehemann	**shujin /otto**	**go-shujin /dan'na-san**
Ehefrau	**tsuma**	**oku-san**

In welchen der folgenden Sätze wird über die Verwandten des Gesprächspartners gesprochen? Kreuzen Sie an.

1. ▪ Maeda-san, o-ko-san wa imasu ka?

2. ▪ Shujin wa bengo-shi desu.

kirei – *schön*

3. Itō-san no go-shujin wa nihon-jin desu ka?

4. Musuko-san wa doko desu ka?

5. Musume wa gakusei desu.

6. Oku-san wa kirei desu ne.

3 59 § 9

Wenn Sie auf eine Person oder Sache verweisen, die *anwesend* bzw. *vorhanden ist*, oder wenn Sie sagen möchten, dass Sie etwas *besitzen* oder *haben*, verwenden Sie die Verben **arimasu** und **imasu**.

Dabei wird zwischen lebendigen (**imasu**) und unbelebten Dingen (**arimasu**) unterschieden.

Būtsu wa arimasu.
Saifu wa arimasu.
Kodomo wa imasu.
Gotō-san wa imasu.

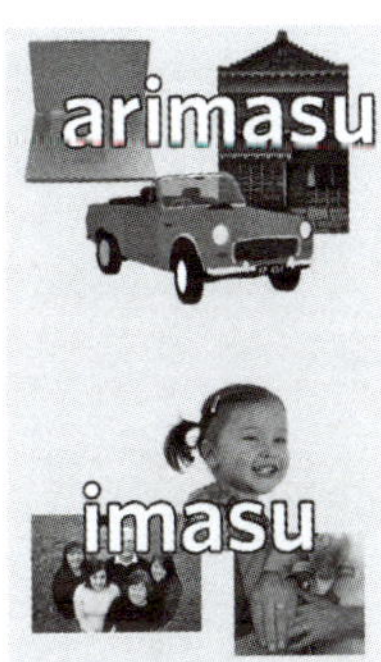

Ergänzen Sie:

1. Amerika-jin wa ________________.

2. Tēburu wa ________________.

3. Musuko-san ________________.

4. Konpyūtā ________________.

LÖSUNG

2 1, 3, 4, 6 • **3** **1.** imasu, **2.** wa arimasu, **3.** wa imasu, **4.** wa arimasu

Um Personen zu zählen, benutzt man im Japanischen nicht die üblichen Zahlen (→ Lektion 15), sondern spezielle Zählwörter:

1 Person	**hitori**	6 Personen	**rokunin**
2 Personen	**futari**	7 Personen	**nananin / shichinin**
3 Personen	**sannin**	8 Personen	**hachinin**
4 Personen	**yonin**	9 Personen	**kyūnin**
5 Personen	**gonin**	10 Personen	**jūnin**

Schauen Sie sich die Bilder an. Welches Zählwort beschreibt die Personenzahl?

____

2. ______________

3. ______________

4. ______________

Suzuki-san wa o-ko-san ga sannin imasu.
Herr Suzuki hat drei Kinder.

In Zusammenhang mit dem Verb **imasu** wird das Subjekt mit **wa**, das Akkusativobjekt mit **ga** markiert. Die Angabe der Personenzahl folgt nach dem **ga**.

Setzen Sie **wa** und **ga** richtig ein:

1. Oda-san ____ musuko-san ____ futari imasu.
2. Petora-san ____ musume-san ____ yonin imasu.

Sofern klar ist, über wen oder was man spricht, kann man Subjekt und **wa** auch weglassen.

7 61

Was passt zusammen? Ordnen Sie den Aussagen bzw. Fragen auf der linken Seite die richtige Antwort zu.

> **petto** - *Haustier,*
> **neko** - *Katze,*
> **kawaii** - *hübsch*

1. Petto ga imasu ka? ____
2. Konpyūtā wa arimasu ka? ____
3. O-ko-san ga imasu ka? ____
4. Kore wa musume desu. ____

A Kawaii desu ne.
B Hai, kodomo ga sannin imasu.
C Hai, neko ga imasu.
D Hai, arimasu.

LÖSUNG

5 **1.** hitori, **2.** sannin, **3.** futari, **4.** yonin • **6** **1.** wa, ga, **2.** wa, ga •
7 1C, 2D, 3B, 4A

Japaner legen sehr großen Wert auf gute Beziehungen. Kontroverse Diskussionen und offene Ablehnungen versucht man zu vermeiden. Im Falle einer Ablehnung sagt man lieber **chotto muzukashii desu** (*Das ist ein bisschen schwierig*) als **iie** (*nein*). Dagegen finden Ausdrücke, die Zustimmung und Wertschätzung ausdrücken, sehr häufig Anwendung, zum Beispiel **sō desu ne** („*Ja, so ist es, nicht wahr?*") oder **sō, sō** („*Ja, genau*").

Aus einem Adjektiv + **desu** können Sie einen kurzen Satz bilden. Wenn Sie den Satz mit der Satzschlusspartikel **ne** beschließen, verstärken Sie die Aussage und fordern Zustimmung ein: **O-share desu ne** (*Das ist aber schick!* oder: *Das ist schick, nicht wahr?*).

Lesen Sie die folgenden Sätze und lernen Sie ein paar neue Adjektive.

1. **O-share desu ne.** — *Das ist aber schick!*
2. **Hiroi desu ne.** — *Das ist aber groß/geräumig!*
3. **Akarui desu.** — *Das ist hell.*
4. **Kawaii desu ne.** — *Das ist süß/niedlich, nicht wahr?*
5. **Oishii desu ne.** — *Das ist lecker, nicht wahr?*
6. **Kirei desu.** — *Das ist schön/hübsch.*
7. **Ii desu ne.** — *Das ist gut/schön, nicht wahr?*
8. **Tanoshii desu ne.** — *Das macht aber Spaß!*

2

Vervollständigen Sie die Sätze mit geeigneten Adjektiven aus Übung 1.

kono – *dieses*

Sushi wa oishii desu (ne).

1. Kodomo wa ______________________________.
2. Kono wanpīsu wa ______________________________.
3. Ima ______________________________.
4. Nihon-go ______________________________.
5. Petora Myurā-san ______________________________.

3 § **16**

Im Japanischen gibt es zwei Gruppen von Adjektiven.

1. **i-Adjektive,** die immer auf **i** enden. Dem **i** muss immer ein **a, i, o** oder **u** vorangehen: **akai** *(rot)*, **kawaii** *(niedlich)*, **kuroi** *(schwarz)*
2. **na-Adjektive,** die nicht auf **i** enden oder bei denen der **i**-Endung ein **e** vorangeht: **o-share** *(schick)*, **kirei** *(schön, hübsch)*

Wird ein Adjektiv als Attribut zum Hauptwort verwendet, muss bei **na-**Adjektiven die Partikel **na** angehängt werden. i-Adjektive bleiben unverändert.

Hiroi ima desu.	*Es ist ein geräumiges Wohnzimmer.*
O-share-na wanpīsu desu.	*Es ist ein schickes Kleid.*

LÖSUNG

2 1. Kodomo wa kawaii / kirei desu ne. **2.** Kono wanpīsu wa o-share desu ne.
3. Ima wa hiroi desu ne. **4.** Nihon-go wa tanoshii desu ne.
5. Petora Myurā-san wa kirei desu ne.

Streichen Sie die jeweils falsche Form durch:

Kirei / kirei-na sensei desu ne.

Kuroi / kuroi-na tīshatsu desu.

O-share / o-share-na apāto desu ne.

Benri / benri-na konpyūtā desu.

Oishii / oishii-na sake desu.

Akai / akai-na sētā desu.

sensei - *Lehrer/in*
benri - *praktisch*

Neben den verschiedenen Varianten von *Danke* sind dies einige der wichtigsten Wörter in der täglichen Kommunikation mit Japanern:

daijōbu	*in Ordnung*
sumimasen	*Entschuldigung. / Danke.*
dōzo	*Bitte sehr. Hier haben Sie.*

Welches Wort passt?

1. Im Restaurant rufen Sie den Kellner zu sich. ____________
2. Sie bieten jemandem einen Sitzplatz an. ____________
3. Sie haben in der U-Bahn aus Versehen jemanden angerempelt.

   ____

4. Sie fragen einen Freund, der unwohl aussieht, ob es ihm gut geht. ______________ desu ka?

5. Sie signalisieren einem Gesprächspartner, dass Sie mit seinem Vorschlag einverstanden sind. ______________ desu.

6. Sie überreichen jemandem ein Dokument. ______________.

7. Die Kellnerin hat Ihnen ein Getränk gebracht. ______________.

6 64

Lesen Sie den folgenden Dialog zwischen Herrn Maeda und Herrn Tezuka und beantworten Sie anschließend die Fragen.

> **uchi** – *Haus*, **Sō desu ka.** – *Ach so, finden Sie?*, **koko** – *hier*, ***kyakuma*** – *Gästezimmer*

Maeda: O-sharena uchi desu ne.

Tezuka: Sō desu ka. Arigatō gozaimasu. Kore wa ima desu.

Maeda: Hiroi desu ne.

Tezuka: Kore wa kyakuma desu.

Maeda: Akarui desu ne.

Herr Maeda findet das Haus von Herrn Tezuka

- **A** *schick*
- **B** *schön*

Das Wohnzimmer findet er

- **C** *geräumig*
- **D** *gut*

Das Gästezimmer ist

- **E** *hübsch*
- **F** *hell*

LÖSUNG

4 Falsch: kirei, kuroi-na, o-share, benri, oishii-na, akai-na • **5** **1.** sumimasen, **2.** dōzo, **3.** sumimasen, **4.** daijōbu, **5.** daijōbu, **6.** dōzo **7.** sumimasen • **6** A, C, F

Im beziehungsorientierten Japan spielen **o-miyage** (*Geschenke*) eine große Rolle. Als kleine Gastgeschenke eignen sich zum Beispiel einzeln verpackte Süßigkeiten, Lederwaren aus deutscher Produktion oder Bildbände. Ideal sind auch Produkte und Souvenirs aus der eigenen Region. Genauso wichtig wie der Inhalt ist eine sorgfältige und aufwändige Verpackung.

Empfangene Geschenke lobt man überschwänglich.
Sagen Sie zum Beispiel:

Ureshii desu. Dōmo arigatō gozaimashita.
Ich freue mich sehr. Vielen Dank.

ureshii – *glücklich, froh*

Bedeutung und Wert der Gabe, die man selber schenkt, spielt man eher herunter. In Japan hört man oft:

Tsumaranai mono desuga. *Es ist nur eine Kleinigkeit.*

Zur Beziehungspflege gehört neben Geschenken auch eine angemessene, wertschätzende Kommunikation. Über die Stärken und Talente anderer Personen äußert man sich sehr lobend. Das eigene Licht stellt man hingegen gerne unter den Scheffel – auch wenn man eine Sache wirklich gut beherrscht. **kenson** (*Bescheidenheit*) gehört in Japan zum guten Ton.

2 66

Vorlieben, Abneigungen oder Stärken drückt man mit folgenden **na-Adjektiven** aus.

suki *(mögen)*
jōzu *(etwas gut können)*
kirai *(nicht mögen)*
heta *(etwas nicht gut können)*

Mit den Partikeln **wa** und **ga** markieren Sie das Subjekt und Objekt im Satz. Subjekt + **wa** können entfallen:

(Watashi wa) sushi ga suki desu. *Ich mag Sushi.*
(Watashi wa) sushi ga kirai desu. *Ich mag Sushi nicht.*

Zur Verdeutlichung können Sie noch ein **dai** (*sehr*) vor **suki** und **kirai** setzen.

Sashimi ga daisuki desu. *Ich liebe Sashimi.*
Sake ga daikirai desu. *Ich hasse Sake!*

3

Füllen Sie die Lücken mit **wa**, **ga** und **desu**.

1. Miki-san ___ baiorin ___ jōzu desu ne.
Du kannst aber gut Geige spielen, Miki.

2. Musume ______ supōtsu ______ heta ______.
Meine Tochter ist schlecht im Sport.

3. Sake ___ kirai ___.
(Ich) mag keinen Sake.

LÖSUNG

3 **1.** wa, ga **2.** wa, ga, desu **3.** ga, desu.

4

Übersetzen Sie.

kaimono – *Einkaufen,*
sakkā – *Fußba*
ryōri – *Kochen*

1. **Eriko-san wa kaimono ________________.**
   Eriko mag Einkaufen.
2. **Sakkā** ________________. *Ich bin schlecht in Fußball.*
3. **Itoda-san wa ryōri** ________________.
   Frau Itoda ist gut im Kochen.
4. **Sushi** ________________. *Ich mag Sushi nicht.*

5 67

Lernen Sie Sportarten kennen. Verbinden Sie die Begriffe mit dem passenden Bild.

A sakkā • **B** karate • **C** jogingu • **D** suiei • **E** basukettobōru • **F** tenisu

1

2

3

4

5

6

1. __ **2.** __ **3.** __ **4.** D **5.** __ **6.** __

6 § 6

Tenisu wo shimasu. *(Ich) spiele Tennis.*

Durch Anhängen von **wo shimasu** lassen sich Tätigkeiten beschreiben. (→ Lektion 21) Ergänzen Sie:

1. **Ryōri wo** ______________. *Ich koche.*
2. **Sakkā** ______________. *Ich spiele Fußball.*
3. **Kaimono** ______________. ______________.
4. **Miki-san wa** ______________. *Miki joggt.*

7

Ergänzen Sie die fehlenden Begriffe im Dialog.

o-kashi – *Süßigkeiten,*
totemo – *sehr*

1. **Miki:** O-miyage __________, dōzo.
2. **Maeda:** Arigatō __________.
3. **Miki:** __________ mono desuga.
4. **Miki:** Ā, o-kashi desu. __________ desu.
5. **Maeda:** Miki- san, tenisu wo __________ ka?
6. **Miki:** Hai, ______________.
7. **Maeda:** Miki san ______ tenisu ______ jōzu desu ______?
8. **Miki:** Iie, tenisu ______ totemo ______ desu.

LÖSUNG

4 1. ga suki desu. **2.** ga heta desu. **3.** ga jōzu desu. **4.** ga kirai desu. • **5** 1E, 2C, 3A, 4D, 5F, 6B • **6 1.** shimasu, **2.** wo shimasu, **3.** wo shimasu / *Ich mache Einkäufe.* **4.** jongingu wo shimasu • **7 1.** desu **2.** gozaimashita **3.** Tsumaranai **4.** ureshii **5.** shimasu **6.** (tenisu wo) shimasu, **7.** wa ... ga ... ka • **8** ga ... heta

Im Restaurant  68

Gochūmon wa okimari desu ka?
Haben Sie etwas gefunden?

Hai, tenzaru wo hitotsu, onegai shimasu.
Ja, ich hätte gern ein Menü kalter Buchweizennudeln mit Tempura.

O-nomimono wa?
Was möchten Sie trinken?

Biru wo futatsu kudasai
Ich hätte gern zwei Bier, bitte.

teishoku	Hauptgericht mit Reis und Misosuppe
don(buri)	Reis mit Beilage
o-tsumami	Häppchen zum Getränk

ocha	(grüner) Tee
kōcha	Schwarztee
kōhī	Kaffee
hotto	heißer Kaffee
aisu	kalter Kaffee
nihon-shu	Sake (Reiswein)
atsukan	warmer Sake
hiya/reishu	kalter Sake

hitotsu	ein(mal), ein Stück
futatsu	zwei
mittsu	drei
yottsu	vier
itsutsu	fünf

69

oishii	lecker
karai	scharf
shiokarai	salzig
amai	süß
suppai	sauer
nigai	bitter
tsumetai	kalt
atatakai	warm

gohan	Essen, gekochter Reis	**tamago**	Ei
pan	Brot	**gyūnyū**	Milch
udon	Weizennudeln	**sakana**	Fisch
soba	Buchweizennudeln	**gyūniku**	Rindfleisch
ramen	chinesische Eiernudeln	**butaniku**	Schweinefleisch
mame	Bohnen	**toriniku**	Hähnchen

Obst und Gemüse 70

kyabetsu	Kohl	**ichigo**	Erdbeere
hakusai	Chinakohl	**ringo**	Apfel
ninjin	Möhre	**mikan**	Clementine
daikon	Rettich	**budō**	Trauben
gobō	Schwarzwurzel	**suika**	Wassermelone
kabu	Mairübe	**momo**	Pfirsich
negi	Lauch/ Frühlingszwiebel	**sakuranbo**	Kirsche
tamanegi	Zwiebel	**ichijiku**	Feige
jagaimo	Kartoffel	**anzu**	Aprikose

Oft stellen Restaurants in Vitrinen oder im Schaufenster täuschend echte Plastiknachbildungen der angebotenen Gerichte aus. Wenn es offene Fragen bei der Bestellung gibt, gehen Sie mit der Bedienung zum Schaukasten und zeigen einfach auf das gewünschte Gericht. In den meisten Restaurants wird man Ihnen einen Platz zuweisen. Nach dem Essen bezahlt man an der Kasse, nicht am Tisch. Unter Japanern ist es übrigens unüblich, die Rechnung zu teilen.

Hier sehen Sie einige Getränke abgebildet. Schreiben Sie die Namen der Getränke unter das jeweilige Bild.

sake • wain • o-cha • kōhī • jūsu • gyūnyū

1. ______

2. ______

3. ______

4. ______

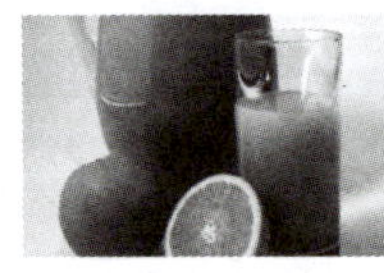

5. ______

6. *gyūnyū*

Weitere Getränke sind

mineraruwōtā *Mineralwasser* **kōcha** *Schwarzer Tee*

2

Vielen Speisen und Getränken geht die Silbe **o-** voraus. **o-** ist die sogenannte Höflichkeitsvorsilbe, die besonderen Respekt vor einer Sache oder Person ausdrückt. Sie wird zum Beispiel bei der Frage nach dem Namen einer fremden Person benutzt: **O-namae wa?** Wenn man im Japanischen von Sushi, Sashimi oder Sake spricht, sagt man in aller Regel auch **o-sushi**, **o-sashimi** und **o-sake**.

3 

So funktioniert eine Bestellung:

Kellnerin:	**Go-chūmon wa?**	*Was darf es sein?*
Gast:	**Bīru wo kudasai.**	*(Ein) Bier bitte.*

(Partikel **wo** → Lektion 20)

4

Bestellen Sie die folgenden Speisen und Getränke.

1. Sushi ____________________
2. Wein ____________________
3. Kaffee ____________________

LÖSUNG

1 **1.** wain **2.** kōhī **3.** sake **4.** o-cha, **5.** jūsu **6.** gyūnyū • **4** **1.** O-sushi wo kudasai **2.** Wain wo kudasai **3.** Kōhī wo kudasai.

Hier sehen Sie eine japanische Speisekarte. Einige Speisen kennen Sie vielleicht schon.

sushi	*roher Fisch auf Reis*
sashimi	*roher Fisch*
yakitori	*Hühnerspieße*
tenpura	*ausgebackene Gemüse / Meeresfrüchte*
karēraisu	*Curryreis*
rāmen	*chinesische Suppennudeln*
yakisoba	*gebratene Nudeln*
udon	*dicke Weizennudeln*

Das Wort **to** ist eine Verbindungspartikel. **to** heißt *„und"*. Was bestellen die Gäste? Kreuzen Sie an.

1. Rāmen to kōcha wo kudasai.
- **A** chinesische Nudeln und schwarzen Tee
- **B** Curryreis und grünen Tee

2. Yakisoba to bīru wo kudasai.
- **A** gebratene Nudeln und Bier
- **B** chinesische Nudeln und Bier

3. Udon to o-cha wo kudasai.
- **A** chinesische Nudeln und grünen Tee
- **B** Weizennudeln und grünen Tee

7

Füllen Sie die Lücken im Dialog:

1. **Kellner:** Irasshai________. Ā, Ohara-san, konnichi ________.
   O-genki ________?
2. **Gast:** Arigatō ________. ________ desu.
3. **Kellner:** Kochira e ________. Go-________ wa?
4. **Gast:** O-sushi ________ bīru wo ________.

8

So fragen Sie nach der Rechnung:

O-kanjō wo onegai shimasu. *Die Rechnung bitte.*

9 § 22

Um Mengenangaben zu machen, benötigen Sie Zählwörter. Sehen Sie hier die Zählwörter von 1 bis 5:

hitsotsu **futatsu** **mittsu** **yottsu** **itsutsu**

1. **Bīru wo hitotsu kudasai.** *Bitte ein Bier.*
2. ________________. *Bitte dreimal Sushi.*
3. ________________. *Bitte vier Wein.*
4. ________________. *Bitte zweimal O-Saft.*

LÖSUNG

6 1A 2A 3B • **7 1.** mase, wa, desu ka **2.** gozaimasu, Genki **3.** dōzo, chūmon **4.** to, kudasai. • **9 2.** O-sushi wo mittsu kudasai. **3.** Wain wo yottsu kudasai. **4.** Jūsu wo futatsu kudasai.

Gutes Benehmen bei Tisch ist in Japan nicht allzu schwierig, da es nur recht wenige strikte Regeln gibt. Dazu gehört, dass man die Stäbchen nicht senkrecht im Reis „parken" darf, denn dies erinnert an den Ritus von Beerdigungsfeierlichkeiten. Die Schüsseln für Misosuppe (eine Suppe mit Sojabohnenpaste) und Reis sollte man beim Essen anheben. Bei heißen Suppen – insbesondere bei Nudelsuppen – darf auch nach Herzenslust geschlürft werden. Lautes Schmatzen bei Tisch und vor allem Naseschnäuzen gehören hingegen nicht zum guten Ton. Wenn Sie etwas nicht mögen, kosten Sie nur einmal kurz und lassen die Speise dann ohne weiteren Kommentar stehen.

Der Gastgeber eröffnet das Essen mit den Worten:

Dōzo, meshi agatte kudasai.	*Bitte, greifen Sie zu / fangen Sie an zu essen.*

Die Gäste antworten:

Itadakimasu.	*Ich empfange das Essen.*

Itadakimasu wird oft mit „*Guten Appetit*" übersetzt. Das ist nicht falsch, trifft aber nicht ganz die japanische Bedeutung. Man bedankt sich mit diesem Ausdruck beim Gastgeber oder den „Göttern" für die Speisen.

Um das Essen zu loben, kann man sagen:

Oishii desu. oder **Oishii desu ne.** *Das ist aber lecker.*

Nach dem Essen sagt man zum Gastgeber:

Go-chisō sama deshita. *Vielen Dank für das Essen.*

Zum ersten Anstoßen ruft man

Kanpai. *Prost!*

2 76 § 17

Bei der Verneinung von i-Adjektiven wird das Endungs-**i** durch ein **-ku-nai** ersetzt.

takai desu heißt verneint: **takaku-nai desu.**

O-sushi wa oishii desu ka? *Ist das Sushi lecker?*

O-sushi wa oishiku-nai desu. *Das Sushi ist nicht lecker.*

Eine Ausnahme bildet das i-Adjektiv **ii** *(gut)*. Hier heißt die Verneinung **yoku-nai**.

3

Ergänzen Sie hinter dem Schrägstrich das i-Adjektiv in der verneinten Form:

1. Sukāto wa mijikai / ________________ desu.

2. Ima wa hiroi / ________________ desu.

3. Kore wa ii / ________________ desu.

4. Tenisu wa tanoshii / ________________ desu.

5. Kono terebi wa takai / ________________ desu.

terebi – *Fernseher*

LÖSUNG

3 1. mijikaku-nai **2.** hiroku-nai **3.** yoku-nai **4.** tanoshiku-nai **5.** takaku-nai

Die Verneinung von **na**-Adjektiven ist ganz einfach. Man hängt einfach **dewa nai** an.

Benri desu wird zu **benri dewa nai.**

benri – *praktisch*

Verneinen Sie die Adjektive. Welche Endung ist richtig: **ku-nai desu** oder **dewa nai desu**?

1. Kono wanpīsu wa (o-share) o-share dewa nai desu.
2. Itō-san no būtsu wa (kuroi) ______________
3. Kono tīshatsu wa (ii) ______________
4. Sensei wa (kirei) ______________
5. Tenisu ga (suki) ______________

Welcher Kommentar passt wo?

A oishii desu • **B** Go-chisō-sama deshita. • **C** Kanpai • **D** meshi agatte kudasai • **E** Itadakimasu.

Gastgeberin: Kanpai!
1. **Gast:** C!
2. **Gastgeberin:** Dōzo, ___.
3. **Gast:** ___.

Gastgeberin: Oishii desu ka?

4. Gast: Hai, ___.
Gastgeberin: O-kawari wa ikaga desu ka?
(Möchten Sie noch etwas?)
5. Gast: Iie, kekkō desu. *(Nein, danke.)* ___.

Wichtig sind in Japan die Trinksitten. Schenken Sie sich niemals selber ein. Heben Sie Ihr Glas leicht, wenn Ihnen jemand ein Getränk anbietet. Ergreifen Sie danach die Gelegenheit, Ihrem Gegenüber einzuschenken. Lassen Sie Ihr Glas randvoll stehen, um zu signalisieren, dass Sie nicht mehr weitertrinken möchten.

7 78

In diesem kurzen Text können Sie lesen, was Herr Tanaka mag oder nicht mag, gut kann oder nicht gut kann. Kreuzen Sie danach unten die zutreffenden Aussagen an.

Tanaka-san wa supōtsu ga jōzu desu. Tenisu ga suki desu. Sakkā ga suki dewa nai desu. Tanaka-san wa tenpura ga suki desu. O-sushi ga suki dewa nai desu. Ryōri wa heta desu.

Herr Tanaka ist

- **A** schlecht in Sport.
- **B** mag Tennis nicht.
- **C** mag Fußball nicht.
- **D** mag Tenpura.
- **E** mag Sushi nicht.
- **F** kann nicht gut kochen.

LÖSUNG

5 2. kuroku-nai desu, **3.** yoku-nai desu **4.** kirei dewa nai desu **5.** suki dewa nai desu • **6** 1C, 2D, 3E, 4A, 5B • **7** Zutreffend: C, D, E, F

Orte und Richtungen 79

tonari/yoko	neben
mukai(no)/ mukaigawa	gegenüber
ushiro	hinter
... no aida	zwischen
... no mae 前	vor
... no chikaku	in der Nähe von
... no naka	in

Tôkyô iki 行	in Richtung Tokyo
massugu	geradeaus
... wo koete/ sugite	vorbei an
kado	Ecke
shingō	Ampel

kōtsū hyōshiki - Straßenschild

machi	(Groß)Stadt
inaka	Land/Provinz
hashi	Brücke
biru/tatemono	Gebäude
(o)mise	Laden, Geschäft
bijutsu-kan	Kunstmuseum
hakubutsu-kan	Natur- od. technisches Museum
byōin	Krankenhaus

kita 北

nishi 西

higash[i] 東

minami 南

80

Okane wo oroshitai n desuga, kono chikaku ni ATM wa arimasu ka?
Gibt es hier in der Nähe einen Geldautomaten, da ich Geld abheben möchte.

Ee, asoko no konbini no naka ni arimasu yo.
Ja, es gibt einen im Convenience Store dort drüben.

81

teikoku dōri/ jikan dōri	pünktlich
chien, okurete iru	verspätet
jikoku hyo	Fahrplan

am Bahnhof:
(Himmelsrichtung +)

guchi	...eingang

Ginza iki no densha wa nanji ni hassha shimasu ka?
Um wie viel Uhr fährt der Zug nach Ginza ab?

Hachi ji chōdo ni go bansen kara hassha shimasu.
Er fährt um Punkt 8 Uhr vom Gleis fünf ab.

hassha shimasu	abfahren
tōchaku shimasu	ankommen
norikaemasu	umsteigen

Verkehrsmittel 82

kippu/jōsha ken (katamichi/ ōfuku)	Ticket (einfach/für Hin- und Rückfahrt)	**basu**	Bus
		kuruma/ jidōsha	Auto
basu tei	Bushaltestelle	**ferī/fune**	Fähre
basu noriba	Busbahnhof	**chikatetsu**	U-Bahn
eki	Bahnhof/ Station	**jitensha**	Fahrrad
kūkō/hikōjō	Flughafen	**baiku/ ōtobai**	Motorrad
(Zahl +) bansen	Gleis ...	**hikōki**	Flugzeug
kaisatsu guchi	Fahrkartenschranke		

densha	Zug
takushī	Taxi

Der Ausdruck **moshi moshi** ist nicht zuletzt durch die Fernsehwerbung auch in Deutschland bekannt. **moshi moshi** heißt *„Hallo* und wird benutzt, um sich zu Beginn des Telefongesprächs zu melden oder zwischendurch nachzuhören, ob der Gesprächspartner noch da ist. Die richtige Antwort auf **moshi moshi** ist in diesem Fall **hai** *(ja)*.

o-taku – *„ehrenwer Zuhause"*, **ga** - *aber* **ima** - *jetzt*, **imasen** - *ist nicht da*, **ashit** - *morgen*, **wakarimashita** – *V standen!*, **mata** – *wieder*, **o-denwa sh masu** – *Ich rufe an*

1

Frau Inoue ruft Frau Takada an. Sie möchte deren Tochter Reiko sprechen. Übersetzen Sie das Telefongespräch.

Takada: Moshi moshi. ______

Inoue: Takada-san no o-taku desu ka?

______

Takada: Hai, sō desu. Takada desu.

______

Inoue: Inoue desu. Sumimasen ga, Reiko-san wa imasu ka

______

Takada: Reiko wa ima imasen ga, ashita wa imasu.

______________. ______________.

Inoue: Wakarimashita. Ashita mata o-denwa shimasu.

______________________________.

2 (§) 7

Verben können verschiedene Endungen haben. Die Verbendung auf **-masu** ist sehr höflich und für Ausländer empfehlenswert. Verben werden, wie bekannt, im Japanischen nicht gebeugt.

imasu *ich bin da / du bist da / er, sie, es ist da / wir sind da / ihr seid da / sie sind da.*

3 (§) 10 (audio) 83

Um ein Verb zu verneinen, verändert man die Endung **-masu** zu **-masen**.
Reiko-san wa imasu. → Reiko-san wa imasen.

Die Verneinung von **desu** lautet **dewa arimasen**.
Verneinen Sie diese Sätze:

1. Tenisu wo shimasu. Tenisu wo ______________.

2. Saifu ga arimasu. Saifu ga ______________.

3. Nihon-jin desu. Nihon-jin ______________.

4. Kodomo ga imasu. Kodomo ga ______________.

LÖSUNG

1 Hallo. – Ist das das Haus von Frau Takada? – Ja, genau. Ich bin Frau Takada. – Hier ist Inoue. Entschuldigung, aber ist Reiko da? – Reiko ist jetzt nicht zu Hause, aber ist morgen da. – Verstanden! Ich rufe morgen wieder an.
3 1. shimasen, **2.** arimasen **3.** dewa arimasen **4.** imasen

Neben den Zählwörtern **hitotsu, futatsu** ... gibt es auch normale Zahlen. Man benutzt sie, um Dinge abzuzählen oder um Telefonnummern zu nennen.

0 zero	**1 ichi**	**2 ni**	**3 san**	**4 yon**
5 go	**6 roku**	**7 nana**	**8 hachi**	**9 kyū/ku**

Die Zahl 4 **shi** ist gleichlautend mit **shi** (*Tod*) und Unglück verheißend. In Krankenhäusern gibt es kein Zimmer mit der Nummer 4, genauso wenig wie Zimmernummer 9, denn **ku** kann auch *leiden* bedeuten.

Für die Ziffern 4 und 7 gibt es zwei Lesungen.
4: **yon** oder **shi** 7: **nana** oder **shichi**

Bei Telefonnummern verwendet man immer **yon** und **nana**.

5

Verbinden Sie mit der richtigen Ziffernfolge.

1. roku - nana - go - ichi	___ **A**	4 - 5 - 2 - 3
2. roku - nana - kyū - go	___ **B**	1 - 8 - 7 - 4
3. ichi - hachi - san - kyū	___ **C**	6 - 7 - 5 - 1
4. yon - go - ni - san	___ **D**	4 - 5 - 3 - 2
5. yon - go - san - ni	___ **E**	1 - 8 - 3 - 9
6. ichi - hachi - nana - yon	___ **F**	6 - 7 - 9 - 5

6 85

Schreiben Sie die Telefonnummern in Umschrift auf. Zum besseren Verständnis gliedert man die Nummern mit dem Wort **no** in kleinere Einheiten. Bei geschriebenen Zahlen verwendet man Bindestriche.

1. **59 21 - 02 75** **go kyū ni ichi no zero ni nana go**
2. 9 83 - 52 52 ______________________
3. 7 11 - 24 30 ______________________
4. 2 65 - 89 16 ______________________

7

So können Sie fragen, ob jemand etwas kennt oder versteht:

... ga wakarimasu ka? *Kennen Sie....?*

denwa bangō – *Telefonnummer*

Übersetzen Sie die zwei Fragen.

1. *Kennen Sie die Telefonnummer von Herrn Abe?*

   ______________________ ga wakarimasu ka?

2. *Verstehen Sie Japanisch?*

   ______________________ ga wakarimasu ka?

Sie können auch ganz einfach fragen:

Wakarimasu ka? *Verstehen Sie mich?*

LÖSUNG

5 1C, 2F, 3E, 4A, 5D, 6B • **6** **2.** kyū hachi san no go ni go ni **3.** nana ichi ichi no ni yon san zero **4.** ni roku go no hachi kyū ichi roku • **7** **1.** Abe-san no denwa bangō **2.** Nihon-go

Der öffentliche Verkehr ist in Japan sehr gut organsiert. An den Bahnhöfen und U-Bahnstationen finden Sie über den Fahrkartenautomaten eine Karte (meistens auch eine englische), auf der Ihr derzeitiger Standort markiert ist. Von hier aus suchen Sie die Zielstation Ihrer Zugfahrt und finden dort auch den Fahrpreis vermerkt.
Sollten Sie einmal nicht den Zielort auf der Karte finden, kaufen Sie einfach das günstigste Ticket. Am Zielort können Sie am „Fare-Adjustment-Schalter" ganz einfach nachzahlen.

Um zu beschreiben, wie man sich fortbewegt, kombiniert man den Namen des Verkehrsmittels mit den Verben **ikimasu** *(gehen, fahren, sich fortbewegen mit)* oder **kimasu** ***(kommen)*** und der Partikel **de.**

Vervollständigen Sie die Sätze.

Basu de ikimasu.

Kuruma ______________

Hikōki ______________. **Takushī** ______________.

Andere Fortbewegungsmittel sind:

jitensha *Fahrrad* **baiku** *Motorrad* **densha** *Bahn*

Zu Fuß gehen heißt **aruite ikimasu**.

Sind die deutschen Übersetzungen richtig oder falsch?

1. Musume wa jitensha de ikimasu.
   Die Tochter fährt mit dem Fahrrad. R ☐ F ☐

2. Terada-san wa kuruma de ikimasu.
   Herr Terada fliegt mit dem Flugzeug. R ☐ F ☐

Die Instrumentalpartikel **de** zeigt an, dass man etwas mit oder mit Hilfe von etwas tut. Sie können **de** bei Verkehrsmitteln, aber auch zusammen mit anderen „Instrumenten" (mit denen Sie z. B. essen, schreiben oder sehen) verwenden.

Kuruma de ikimasu *mit dem Auto fahren*

LÖSUNG

1 jeweils de ikimasu. • **2 1.** richtig **2.** falsch (Auto wäre richtig)

Wenn man in japanischen Großstädten die Orientierung verliert, helfen Straßennamen und Postadressen nicht weiter. Man orientiert sich an Landmarken, z. B. an großen Geschäften, auffälligen Gebäuden oder Parks. Ordnen Sie zu:

kōen - *Park* • **konbini** - *24-Stunden-Laden* • **sūpā** - *Supermarkt* • **hoteru** - *Hotel*

1. ____________________

2. ____________________

3. ____________________

4. ____________________

So können Sie Ortsangaben machen:

mae - *vor*; **tonari** - *neben*; **migi** - *rechts*; **hidari** - *links*; **ushiro** - *hinter*

Die Ortsangaben stehen im Japanischen hinter dem jeweiligen Wort, das sie näher beschreiben, und werden mit der Partikel **no** angebunden. Es ist genau umgekehrt wie im Deutschen!

hoteru no tonari *neben dem Hotel*

6 88

Verbinden Sie und ergänzen Sie die Übersetzung:

1. basu no ushiro ____ **A** *vor dem* ________
2. hoteru no tonari ____ **B** *hinter dem* ________
3. sūpā no mae ____ **C** *neben dem* ________

7 § 4, 9

Um zu sagen, dass sich etwas oder jemand an einem bestimmten Ort befindet, benötigt man die Verben **imasu** und **arimasu** und die nachgestellte Ortspartikel **ni**:

Asano-san wa ofisu ni imasu. *(Herr Asano ist im Büro.)*

Ueno kōen wa Tōkyō ______ arimasu. *(Der Ueno-Park ist in Tokyo.)*

8

Bilden Sie aus diesen Bausteinen korrekte Sätze:

1. **hoteru wa / ni arimasu / kōen no migi**
   (Das Hotel liegt rechts neben dem Park.)

   ____.

2. **ni arimasu / konbini no hidari / sūpā wa**
   (Der Supermarkt befindet sich links neben dem 24-Stunden-Laden.)

   ____.

LÖSUNG

4 1. hoteru, **2.** kōen, **3.** konbini **4.** sūpā • **6** 1B Bus, 2C Hotel, 3A Supermarkt • **7** ni • **8 1.** Hoteru wa kōen no migi ni arimasu, **2.** Sūpā wa konbini no hidari ni arimasu

Übernachten kann man in Japan auf sehr unterschiedliche Art und Weise. Die meisten Geschäftsleute und Touristen kommen in **bijinesu hoteru** (*Businesshotels*) unter. Mindestens einmal sollte man in einem **ryokan** übernachten, einem japanischen Gasthaus mit traditioneller Ausstattung. Günstiger sind üblicherweise **minshuku** - *Pensionen* im Bed-and-Breakfast-Stil, oftmals auch mit Familienanschluss. Wer sehr auf das Budget achten muss und mutig ist, kann sich in einem **kapuseru hoteru** (*Kapselhotel*) einmieten. Dort gibt es kleine Schlafkästen im Format 2 x 1 x 1 Meter - nichts für Menschen mit Platzangst.

Die Partikel **ni** hat mehrere Funktionen. Sie zeigt einerseits an, wo eine Person oder ein Gegenstand sich befindet (Ortsfunktion). Sie hat aber auch eine Zielfunktion und gibt an, wohin man geht oder fährt.

2

Ergänzen Sie die Sätze:

1. Hoteru ni tomarimasu. *Ich übernachte im Hotel.*
2. __________ ni __________. *Ich übernachte im Ryokan.*
3. Kyōto ni ikimasu. *Ich fahre nach Kyoto.*
4. __________ ni ikimasu. __________ *nach Nikko.*

tomaru / tomarimasu – *übernachten*

3 89

Handelt es sich um ein **ni** mit Zielfunktion (Z) oder mit Ortsfunktion (O)? Notieren Sie das jeweilige Kürzel.

1. ▢ Hoteru wa eki no mae ni arimasu.
2. ▢ Osaka ni ikimasu.
3. ▢ Harada-san ni o-denwa shimasu.
4. ▢ Bijinesu-hoteru ni tomarimasu ka?

eki – *Bahnhof*

4 

Auch im Hotelwesen gibt es zahlreiche Anglizismen. Verbinden Sie sie mit der richtigen deutschen Übersetzung.

1. **chekku auto**
2. **chekku in**
3. **shinguru no heya**
4. **daburu no heya**
5. **pasupōto**

- **A** *Einzelzimmer*
- **B** *Reisepass*
- **C** *Check-in*
- **D** *Check-out*
- **E** *Doppelzimmer*

heya – *Zimmer*

LÖSUNG

2 2. Ryokan, tomarimasu. **4.** Nikko. Ich fahre • **3** 1O, 2Z, 3Z, 4O •
4 1D, 2C, 3A, 4E, 5B

Lesen Sie diesen Dialog zwischen einer Hotelrezeptionistin und einem Gast.

Gast: Sumimasen. Heya wa mada arimasu ka?
Hotel: Hai, arimasu. Ippaku tomarimasu ka?
Gast: Iie, nihaku tomari**tai desu**.
Hotel: Daburu no heya de yoroshii desu ka?
Gast: Shinguru no heya wo yoyaku shi**tai** desu.
Hotel: Hai, wakarimashita. Pasupōto wo onegai shimasu.

mada – *noch*, **ippaku** – *eine Übernachtung*, **nihaku** – *zwei Übernachtungen*, **de yoroshii desu ka?** – *Ist … recht?*, **wo yoyaku shimasu** – *reservieren*

Kreuzen Sie nun die richtigen Aussagen an:

1. Der Gast möchte
- **A** eine Nacht bleiben
- **B** zwei Nächte bleiben

2. Er möchte ein
- **A** Einzelzimmer
- **B** Doppelzimmer

6 § 12

Im obigen Dialog versteckt sich eine neue grammatische Konstruktion: **-tai desu**. Diese Verbform bringt zum Ausdruck, dass man etwas tun möchte.

Um diese Form zu bilden, trennt man die **masu**-Endung der Verben ab und ersetzt sie durch **-tai desu**.

Tenisu wo **shitai desu**.	*Ich möchte Tennis spielen.*
Kyōtō ni **ikitai desu**.	*Ich möche nach Kyōtō fahren.*
Nihaku tomari________.	*Ich möchte zwei Nächte bleiben.*

7

Vervollständigen Sie die japanischen Sätze und ihre Übersetzungen.

1. **Shinguru no heya wo** ________.

   Ich möchte ________ *reservieren.*

2. **Chekku-auto shi**________.

   Ich möchte ________.

3. **Ippaku** ________.

   Ich möchte ________ *bleiben.*

LÖSUNG

5 1B, 2A • **6** tai desu • **7 1.** … yoyaku shitai desu / … *ein Einzelzimmer reservieren.* **2.** tai desu / … *auschecken* **3.** tomaritai desu / … *eine Nacht*

Uhrzeit 92

Nanji desu ka?
Wie viel Uhr ist es?

Kuji han desu.
Jūji yonjū go fun desu.
Hachiji juppun desu.
Es ist ... halb zehn.
... Viertel vor elf.
... zehn nach acht.

jikan	Stunde
hi	Tag
shū	Woche
tsuki	Monat
nen	Jahr

... han	halb
... sugi	nach
... mae	vor

gozen	vormittags
gogo	nachmittags

Monate 93

ichi gatsu	Januar
ni gatsu	Februar
san gatsu	März
shi gatsu	April
go gatsu	Mai
roku gatsu	Juni
shichi gatsu	Juli
hachi gatsu	August
ku gatsu	September
jū gatsu	Oktober
jū ichi gatsu	November
jū ni gatsu	Dezember

Wochentage 94

getsuyōbi	Montag
kayōbi	Dienstag
suiyōbi	Mittwoch
mokuyōbi	Donnerstag
kinyōbi	Freitag
doyōbi	Samstag
nichiyōbi	Sonntag

Jahreszeiten 95

haru
Frühling

natsu
Sommer

aki
Herbst

fuyu
Winter

Verabredung am Telefon 96

Moshi moshi, Kimura desu ga, Shumitto san desu ka?
Hallo, hier spricht Kimura. Spreche ich mit Herrn Schmidt?

Ā, Kimura san.
Ah, Frau Kimura.

Kinyōbi no yoru ohanami ni ikimasen ka?
Wollen wir nicht am Freitagabend zusammen Kirschblüten sehen gehen?

Ii desu ne. Go ji de ii desu ka?
Das klingt ja gut.
Geht es um fünf Uhr?

Go ji wa muri desu. Roku ji han demo ii desu ka?
Um fünf kann ich nicht. Geht es auch um halb sieben?

Wakarimashita. Jā, bīru to otsumami motte ikimasu ne.
Einverstanden. Ich bringe dann Bier und Häppchen mit.

sumāto fon (sumaho)	Handy
denwa	Telefon

o-hanami	Kirschblütenfest
kaisuiyoku	Schwimmen im Meer
hanabi	Feuerwerksfest (meist im Sommer)
bōnen kai	Weihnachtsfeier
ocha wo shimasu	zum Tee trinken gehen

18

Japaner lieben die Pünktlichkeit. Das belegt nicht zuletzt die japanische Bahn. Auch bei einer Verspätung von nur einer Minute werden die Fahrgäste höflich informiert und in aller Form um Verzeihung gebeten. Das ist man aus japanischer Sicht den Kunden schuldig. Auch im Geschäftsleben und im privaten Bereich gilt daher: Planen Sie reichlich Zeit ein, um pünktlich erscheinen zu können. Das ist insbesondere in Tokyo nicht immer leicht. Viele Adressen sind (auch für Einheimische) nur schwer zu finden, da eine durchgehende Hausnummerierung und häufig auch Straßennamen fehlen.

Wenn Sie sich verabreden, vereinbaren Sie neben einem Treffpunkt auch einen Zeitpunkt. Für die Uhrzeit benötigen wir größere Zahlen. Dazu fehlen Ihnen nur noch die Zehnerschritte:

10	**jū**	20	**nijū**	30	**sanjū**
40	**yonjū**	50	**gojū**	60	**rokujū**
70	**nanajū**	80	**hachijū**	90	**kyūjū**

2 § 20

Die Bildung der japanischen Zahlen ist ganz einfach. 20, 30, 40 etc. bildet man durch „Multiplikation" von 10 (jū):

20 = 2 x 10 = **nijū**, 30 = 3 x 10 = **sanjū**, 40 = 4 x 10 = **yonjū** etc.

Die Einer erhält man durch „Addition":

13 = 10 + 3 = **jūsan, 14** = 10 + 4 = **jūyon**

3

Verbinden Sie mit der richtigen Übersetzung.

1. 71	____	**A** jūkyū
2. 86	____	**B** kyūjūkyū
3. 42	____	**C** nanajūichi
4. 99	____	**D** hachijūroku
5. 19	____	**E** jūichi
6. 11	____	**F** yonjūni

4

Versuchen Sie, die folgenden Zahlen selbst zu bilden.

1. 15 ____	**4.** 64 ____	**7.** 20 ____
2. 37 ____	**5.** 25 ____	**8.** 53 ____
3. 12 ____	**6.** 17 ____	**9.** 98 ____

LÖSUNG

3 1C, 2D, 3F, 4B, 5A, 6E • **4** **1.** jūgo, **2.** sanjūnana, **3.** jūni, **4.** rokujūyon, **5.** nijūgo, **6.** jūnana, **7.** nijū, **8.** gojūsan, **9.** kyūjūhachi

Achtung, manchmal gibt es mehrere Lesungsmöglichkeiten für eine Zahl. Die **4** kann **yon** oder **shi** gelesen werden. Die **7** kann **shichi** oder **nana** gelesen werden. Bei Telefonnummern sagt man **yon** und **nana**. Für andere Zahlenkombinationen lernen Sie die richtige Lesung am besten auswendig.

6 98 § 20, 21

Die Uhrzeiten werden ganz regelmäßig und logisch gebildet. An die Zahlen von 1 bis 12 wird das Suffix **ji** für *Uhr* angehängt: Ergänzen Sie die fehlenden Uhrzeiten:

ichiji	*(1 Uhr)*	**goji**	*(5 Uhr)*	**kuji**	*(9 Uhr)*
niji	*(2 Uhr)*	______	*(6 Uhr)*	______	*(10 Uhr)*
______	*(3 Uhr)*	**shichiji**	*(7Uhr)*	**jūichiji**	*(11 Uhr)*
yoji	*(4 Uhr)*	______	*(8 Uhr)*	**jūniji**	*(12 Uhr)*

Merken Sie sich vor allem die besonderen Lesungen für die Zahlen **4**, **7** und **9** bei den Uhrzeiten:

yoji – *4 Uhr* **shichiji** – *7 Uhr* **kuji** – *9 Uhr*

Die *halbe Stunde* wird mit dem Wort **han** angezeigt und zur vollen Stunde addiert: **ichiji han** ist also *halb zwei* (1:30 Uhr oder 13:30 Uhr).

8

Ordnen Sie den folgenden Bildern die richtigen Uhrzeiten zu:

A jūji han • **B** ichiji • **C** goji han • **D** niji han

1

2

3

4

9

Bilden Sie diese Uhrzeiten selber:

1. ______ **2.** ______ **3.** ______ **4.** ______

10

Um zu erklären, wann Sie etwas tun, benutzen Sie die Partikel **ni** für die Zeitangabe:

Sanji **ni** tenisu wo shimasu. *(Um drei Uhr spiele ich Tennis.)*

Yoji ____ kaimono wo shimasu. *(Um vier Uhr gehe ich einkaufen.)*

LÖSUNG

6 sanji, rokuji, hachiji, jūji • **8** 1B, 2D, 3C, 4A • **9 1.** sanji han, **2.** yoji, **3.** shichiji, **4.** jūichiji • **10** ni

Japaner sprechen gerne Einladungen aus. Formulierungen wie „Wir müssen unbedingt einmal zusammen essen" oder „Bitte besuchen Sie uns bald" sind aber nur höfliche Floskeln und keinesfalls verbindlich. Erst wenn Uhrzeit und Treffpunkt konkret genannt werden, ist eine Einladung wirklich ernst gemeint. In Japan trifft man sich – auch aufgrund der oftmals beengten Wohnverhältnisse – kaum in privaten Wohnungen. Üblicher sind Verabredungen im Restaurant oder in Cafés. Sie können japanische Freunde oder Geschäftspartner aber ohne Bedenken im eigenen Land zu sich nach Hause einladen. Japaner interessieren sich sehr für unsere Wohnkultur und empfinden eine private Einladung als Ehre.

Sie möchten mit einem Freund oder einer Freundin etwas unternehmen. So können Sie sich verabreden:

Sanji ni tenisu wo shimashō ka? *Wollen wir um drei Uhr Tennis spielen?*

Stellen Sie Fragen nach demselben Muster.

1. kaimono wo shimasu:

______________________________?

2. jogingu wo shimasu:

______________________________?

3. sūpā ni ikimasu:

_______________________________?

Mit **nanji** (*wie viel Uhr?*) können Sie nach der Uhrzeit fragen:

Nanji desu ka? — *Wie spät ist es?*
Nanji ga ii desu ka? — *Wann passt es Ihnen?*

So können Sie einem Terminvorschlag zustimmen:

Sanji ga ii desu. — *Drei Uhr passt.*

yo ist eine Partikel, die am Satzende benutzt wird. Sie lässt sich mit den deutschen Wörtern *doch* oder *schon* übersetzen. **yo** wird benutzt, wenn man seine Meinung bekräftigen möchte.

Takai desu yo. — *Das ist doch teuer!*
Daijōbu desu yo. — *Das ist schon in Ordnung.*

So können Sie einen Vorschlag ablehnen:

Sanji wa chotto muri desu. — *Drei Uhr ist etwas ungünstig.*

Und so machen Sie einen alternativen Vorschlag:

Yoji de mo ii desu ka? — *Wäre vier Uhr auch in Ordnung?*

LÖSUNG

1 1. Jūji-han ni kaimono wo shimasu ka? **2.** Ichiji ni jogingu wo shimasu ka?
3. Rokuji han ni sūpā ni ikimasu ka?

5

Füllen Sie die Lücken im Dialog aus.

nara – *wenn, falls*

1. **A:** Goji han ______ sakkā wo shimashō ka?
2. **B:** Goji han wa chotto ______ desu. Rokuji ___ ___ ii desu ka?
3. **A:** Rokuji nara ii ______ yo!

6 102

Lesen Sie den folgenden Telefon-Dialog zwischen Herrn Maeda und Tanpo Miki.

anō – *also*, **kyō** – *heute*, **rihāsaru** – *Probe (Rehearsal)*, **made** – *bis*, **kara** – *ab*, **hima desu** – *frei haben*

Miki: Moshi moshi.
Maeda: Anō, Tanpo-san no o-taku desu ka?
Miki: Hai, Tanpo Miki desu.
Maeda: Maeda desu ga. Anō, sumimasen ga, kyō no sanji wa chotto muri desu. Yoji de mo ii desu ka?
Miki: Yoji desu ka? Goji made rihāsaru ga arimasu. Rokuji kara hima desu.

Wählen Sie nun die richtigen Aussagen aus:

1. ▢ **A** Miki ruft Maeda an. ▢ **B** Maeda ruft Miki an.

2. ▢ **A** Miki ist in der Firma. ▢ **B** Miki ist zu Hause.

3. Für Herrn Maeda ist ▢ **A** drei Uhr ▢ **B** vier Uhr ungünstig.

4. Er möchte die Verabredung auf ▢ **A** vier Uhr ▢ **B** fünf Uhr verlegen.

5. Miki hat ▢ **A** bis ▢ **B** ab fünf Uhr eine Probe.

6. Sie ist ab ▢ **A** fünf Uhr ▢ **B** sechs Uhr frei.

7 § 4

Heute um drei Uhr
heißt
Kyō no sanji ni

8

Setzen Sie **no** und **ni** richtig ein:

kayōbi – *Dienstag,*
ashita – *morgen,*
pātī – *Party*

1. Kyō ____ jūniji ____ ryōri wo shimasu.

2. Kayōbi ____ goji han ____ Kyōto ____ ikimasu.

3. Ashita ____ sanji ____ rihāsaru ga arimasu.

4. Shichiji ____ sensei ____ o-taku de pātī ga arimasu.

5. Kyō ____ yoji ____ kaimono wo shimasu.

LÖSUNG

5 **1.** ni **2.** muri **3.** de mo **4.** desu • **6** 1B, 2B, 3A, 4A, 5A, 6B •
8 **1.** no, ni **2.** no, ni, ni **3.** no, ni **4.** ni, no **5.** no, ni

Hobbys 103

kaimono wo shimasu
einkaufen

hon wo yomimasu
ein Buch/ Bücher lesen

gēmu wo shimasu
ein Videospiel spielen

nemasu
schlafen

oyogimasu
schwimmen

ēga wo mimasu
einen Film sehen

yoga wo shimasu
Yoga machen

shashin wo torimasu
fotografiere

sukyūbadaibingu wo shimasu
tauchen

ryokō ni ikimasu
reisen

shokuji ni ikimasu
essen gehen

saikuringu w shimasu
radfahren

yamanobori wo shimasu
wandern

e wo kakimasu
ein Bild malen

gitā wo hikimasu
Gitarre spielen

pikunikku wo shimasu
Picknick mach

Aktivitäten 104

okimasu
aufstehen

shawā wo abimasu
duschen

gohan wo tabemasu
essen

kaisha ni ikimasu
in die Firma gehen

shigoto wo shimasu
arbeiten

purezen wo shimasu
etwas präsentieren

kaimono ni ikimasu
einkaufen gehen

ryori wo shimasu
kochen

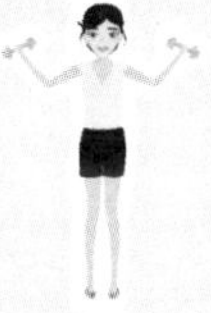

undō wo shimasu
Sport machen

nemasu
schlafen

Das Leben in Japans Städten ist schnell und aus westlichen Au-
gen oft auch sehr hektisch. Überall wimmelt es von Menschen
die emsig ihren Beschäftigungen nachgehen. Umso erstaunlicher
ist es, dass die Japaner auf der anderen Seite überall ein Nicker
chen einlegen können. In der U-Bahn oder auch im Business-
Meeting ist es keine Seltenheit, auf Menschen zu treffen, die
sich ein kurzes „Power-Napping" gönnen. Schlafgewohnheiten
sind in Japan anders als bei uns. Man schläft weniger lange am
Stück, sondern nimmt sich zwischendurch kleine Auszeiten.

1 105

In diesen Bildern geht es um den Tagesablauf von Tanpo Miki. Ergänzen Sie die Sätze mit dem passenden Verb.

mainichi – *jeden Tag,* **okimasu** – *aufstehen,* **goro** – *gegen,* **asa go-h** – *Frühstück,* **tabemasu** – *essen,* **soshite** – *danach,* **shinbun** – *Zeitun* **yomimasu** – *lesen,* **yor** – *Abend,* **ī-mēru** – *E-M* **kakimasu** – *schreiben*

1. Miki-san wa mainichi, rokuji ni

____

2. Rokuji han goro asa go-han wo

____

3. Soshite, shinbun wo

________________________.

4. Yoru, konpyūtā de ī-mēru wo

________________________.

Die Partikel **wo** ist die sogenannte Akkusativpartikel. Sie wird benutzt, um den deutschen 4. Fall (wen oder was?) anzuzeigen.

Miki-san wa asa go-han wo tabemasu. *Miki isst Frühstück.*

Shinbun ____ yomimasu. *Ich lese die Zeitung.*

Bringen Sie diese Sätze in die richtige Reihenfolge.

1. sensei / sushi / wa / tabemasu / wo

________________________.

2. shinbun / yomimasu / wo / wa / Maeda-san

________________________.

3. wa / wo / ī-mēru / Itō-san / kakimasu

________________________.

LÖSUNG

1 1. okimasu **2.** tabemasu **3.** yomimasu **4.** kakimasu • **2** wo •
3 1. Sensei wa sushi wo tabemasu. **2.** Maeda-san wa shinbun wo yomimasu.
3. Itō-san wa ī-mēru wo kakimasu.

4

Hier finden Sie eine Liste wichtiger Verben. Einige kennen Sie schon, andere noch nicht. Füllen Sie die Lücken aus.

1. **kaimasu** — *kaufen*
2. **yomimasu** — ________
3. **nomi________** — *trinken*
4. **okimasu** — ________
5. **kaki________** — ________
6. **tabe________** — *essen*
7. **iki________** — ________

5

Was tun diese Leute? Ordnen Sie das passende Verb zu.

kakimasu • kaimasu • nomimasu • yomimasu

1. ________________

2. ________________

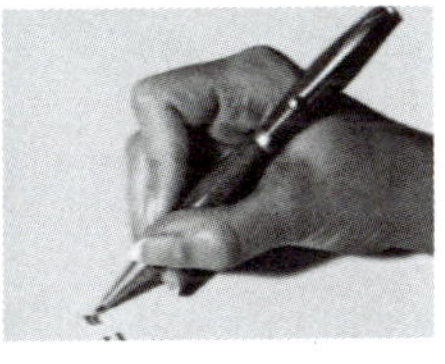

3. ____________ **4.** ____________

6

Ergänzen Sie Partikeln und Verben und übersetzen Sie.

1. O-sushi ______ __________.

____________________________________.

2. Mainichi bīru ______ __________.

____________________________________.

3. Maeda-san ______ hon ______ __________.

____________________________________.

4. Akai burausu ______ __________.

____________________________________.

5. Nagai ī-mēru ______ __________.

____________________________________.

LÖSUNG

4 2. *lesen*, **3.** masu, **4.** *aufstehen*, **5.** masu, *schreiben* **6.** masu, **7.** masu *gehen / fahren* • **5 1.** nomimasu, **2.** yomimasu, **3.** kakimasu, **4.** kaimasu. • **6 1.** wo tabemasu. / *Ich esse Sushi.* **2.** wo nomimasu. / *Jeden Tag trinke ich Bier.* **3.** wa, wo yomimasu. / *Herr Maeda liest ein Buch.* **4.** wo kaimasu. / *Ich kaufe eine rote Bluse.* **5.** wo kakimasu. / *Ich schreibe eine lange E-Mail.*

Hobbys sind ein sehr dankbarer Gegenstand für Smalltalk in Japan. Denn das Thema ist unverfänglich und führt wohl kaum zu Kontroversen. Ein sehr beliebtes Hobby vieler Japaner ist übrigens der Besuch von **onsen** (*heißen Badequellen*). Viele dieser Quellen haben angeschlossene Hotels und eignen sich perfekt für ein echt japanisches Wellness-Wochenende.

1 

Die Bezeichnungen vieler Hobbys und Sportarten stammen aus dem Englischen. Ordnen Sie zu.

1. sukī	___ **A**	*Golf*
2. haikingu	___ **B**	*Badminton*
3. gorufu	___ **C**	*Ski*
4. pinpon	___ **D**	*Radfahren*
5. badominton	___ **E**	*Bergwandern*
6. saikuringu	___ **F**	*Tischtennis*

Häufig ve
wendet m
statt **pinp**
auch das
Wort **tak**

2

Um auszudrücken, dass Sie eine Sportart betreiben, benutzen Sie die Konstruktion **wo shimasu** (→ siehe auch Lektion 12).

Sukī wo shimasu. *Ich fahre Ski.*

3

Um auszudrücken, dass Sie eine Sportart beherrschen oder können, benutzen Sie **ga dekimasu**.

Sukī ga dekimasu. *Ich kann Skifahren.*

4

Um auszudrücken, dass man etwas mag oder nicht mag, benutzt man die Formulierung (→ siehe Lektion 12):

... ga suki desu. *Ich mag ...*

... ga kirai desu. *Ich mag ... nicht.*

5 107

Ordnen Sie die Übersetzungen zu.

1. Badominton ga dekimasu.
2. Badominton ga dekimasen.
3. Saikuringu ga suki desu ka?
4. Takkyū wo shimasu.
5. Saikuringu wo shimasu ka?
6. Takkyū wo shimasen.
7. Badominton ga kirai desu.
8. Saikuringu ga dekimasen.

- **A** *Ich spiele Tischtennis.*
- **B** *Fahren Sie Rad?*
- **C** *Ich mag Badminton nicht.*
- **D** *Ich kann Badminton spielen.*
- **E** *Ich kann nicht Badminton spielen.*
- **F** *Ich kann nicht Radfahren.*
- **G** *Mögen Sie Radfahren?*
- **H** *Ich spiele kein Tischtennis.*

LÖSUNG

1 1C, 2E, 3A, 4F, 5B, 6D • **5** 1D, 2E, 3G, 4A, 5B, 6H, 7C, 8F

Auch viele Musikinstrumente tragen Namen, die dem Englischen entnommen sind:

piano - *Klavier*

Piano wo hikimasu.
Ich spiele Klavier.

baiorin - *Violine*

Baiorin wo hikimasu.
Ich spiele Geige.

So können Sie anderen Personen eine gemeinsame Tätigkeit vorschlagen:

Tenisu wo shimashō.	*Lass uns / Lassen Sie uns Tennis spielen.*
Tenisu wo shimashō ka?	*Wollen wir Tennis spielen?*

Um einen Vorschlag im Sinne des deutschen *„Lassen Sie uns …"* zu formulieren, streichen Sie die **masu**-Endung des Verbs und ersetzen sie durch die Endung **-mashō**.

8

Ordnen Sie zu und ergänzen Sie den japanischen Text.

1. O-cha wo ________. ____ **A** *Lassen Sie uns Violine spielen.*

2. ________ wo kaimashō. ____ **B** *Lassen Sie uns Tee trinken.*

3. Baiorin wo ________. ____ **C** *Lassen Sie uns Bergwandern.*

4. ________ wo shimashō. ____ **D** *Lassen Sie uns eine Zeitung kaufen.*

9 110

Lesen Sie den Dialog zwischen Herrn Terada und Frau Ōno.

Terada: Ōno-san, ashita no yoru, karaoke ni ikimashō ka?
Ōno: Nanji ga ii desu ka?
Terada: Rokuji made mītingu ga arimasu. Rokuji han kara hima desu.
Ōno: Sore de wa, shichiji ni aimashō.
Terada: Wakarimashita. Tanoshimi ni shite imasu.

nan-ji – *um wie viel Uhr,* **mītingu** – *Meeting/Konferenz,* **au, aimasu** – *sich treffen,* **tanoshimi ni shite imasu** – *ich freue mich*

Streichen Sie falsche Aussagen:

1. Herr Terada und Frau Ono wollen heute Abend zum Karaoke gehen.
2. Frau Ōno hat ab 18:00 Uhr ein Meeting.
3. Herr Terada ist ab halb sieben frei.
4. Die beiden treffen sich um 19.30 Uhr.

LÖSUNG

8 1B nomimashō, 2D shinbun, **3.**A hikimashō, 4C haikingu •
9 Falsch: **1.** (morgen Abend), **2.** (bis sechs) **4.** (19.00 Uhr)

111

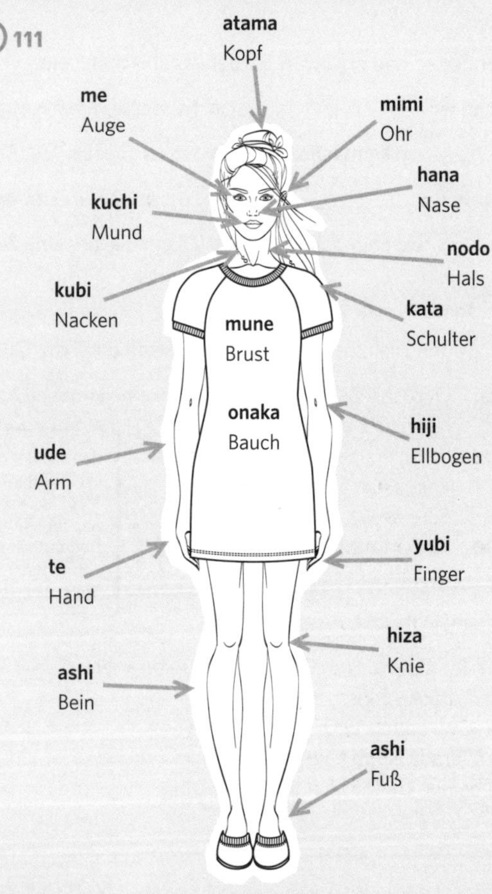
atama
Kopf
me
Auge
mimi
Ohr
hana
Nase
kuchi
Mund
nodo
Hals
kubi
Nacken
kata
Schulter
mune
Brust
onaka
Bauch
hiji
Ellbogen
ude
Arm
yubi
Finger
te
Hand
hiza
Knie
ashi
Bein
ashi
Fuß

Beim Arzt

112

Nishūkan mae kara zutsū ga shimasu.
Ich habe seit zwei Wochen Kopfschmerzen.

Oisha san ni mitemoratta hōga ii desu yo.
Du solltest zum Arzt gehen.

(O) isha (san)
Arzt, Ärztin

kusuri	Medizin, Arznei
jōzai	Tablette
kōsei busshitsu	Antibiotika
shohōsen	Rezept

ıōtai
Verband

chūsha
Spritze

bansōkō
Pflaster

chōshi ga warui desu
krank sein

kega wo shimashita
verletzt sein

kirimashita
sich geschnitten haben

yakedo shimashita
verbrannt sein

kossetsu shimashita
gebrochen haben

22

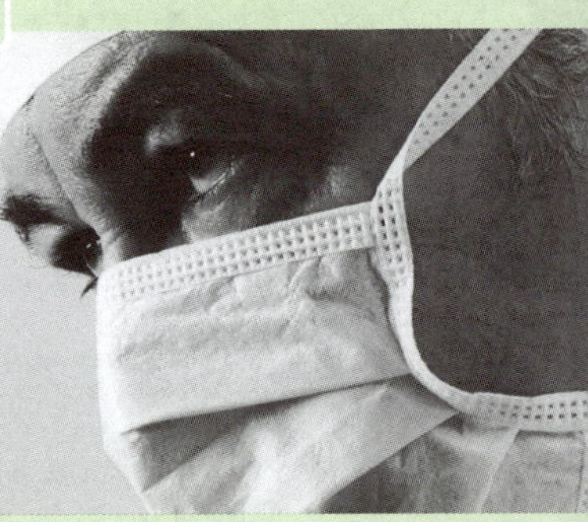

Wenn Sie in Japan einen Arzt aufsuchen, müssen Sie in der Regel vor der Untersuchung an der Rezeption ein Aufnahmeformular ausfüllen und eine Versicherungs- oder Kreditkarte vorweisen. Dann warten Sie, bis Sie aufgerufen werden. Sofern der Arzt Sie nicht direkt mit nötigen Medikamenten versorgt, erhalten Sie ein Rezept, das Sie in Apotheken einlösen können.

Hier eine Übersicht der wichtigsten Körperteile:

atama	*Kopf*	**mimi**	*Ohr*
kuchi	*Mund*	**nodo**	*Hals*
senaka	*Rücken*	**onaka**	*Bauch*
ashi	*Bein*	**ashi**	*Fuß*
te	*Hand*	**ude**	*Arm*

Haben Sie's bemerkt? Im Japanischen heißt **ashi** sowohl *Fuß* als auch *Bein.*

2

Beim Krankenbesuch ist es nicht üblich, **O-genki desu ka?** *(Wie geht es?)* zu verwenden. Stattdessen fragt man:

O-kagen wa ikaga desu ka? *Wie ist dein / Ihr Befinden?*

Um auszudrücken, dass etwas weh tut, sagt man:

(Watashi wa).... ga itai desu. *Mir tut .... weh.*

3  **114**

Drücken Sie aus, dass Sie Schmerzen an den folgenden Körperteilen haben:

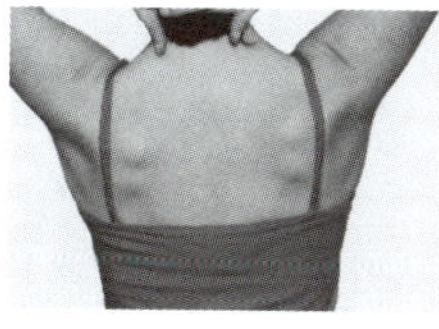

1. ______________________ **2.** ______________________

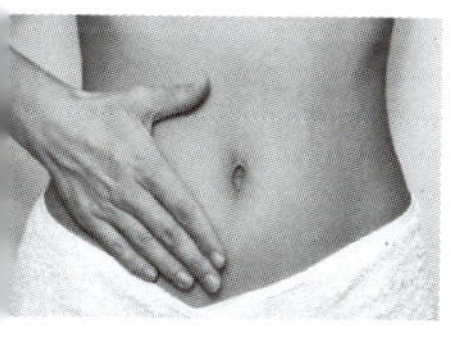

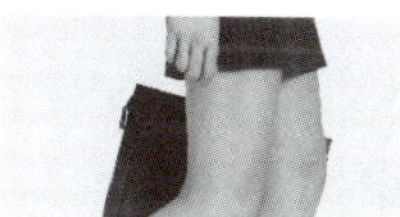

3. ______________________ **4.** ______________________

LÖSUNG

3 1. Atama ga itai desu. **2.** Senaka ga itai desu. **3.** Onaka ga itai desu. **4.** Ashi ga itai desu.

Im folgenden Dialog fragt ein Arzt einen Patienten nach dem Befinden. Ordnen Sie die deutschen Übersetzungen richtig zu.

A *Mein Magen tut immer noch weh.* • **B** *Guten Tag.* • **C** *Ich fühle mich immer noch schlapp.* • **D** *Ich habe keinen Appetit.* • **E** *Wie ist Ihr Befinden?* • **F** *Vielen Dank.*

Arzt: **1.** ____ Konnichiwa.

2. ____ O-kagen wa ikaga desu ka?

Patientin: **3.** ____ Arigatō gozaimasu.

4. ____ Mada karada wa darui desu.

5. ____ Shokuyoku ga arimasen.

6. ____ I ga mada itai desu.

mada – *immer noch*, **karada** – *Körper*, **darui** – *schlapp*, **shokuyoku** – *Appetit*, **i** – *Magen*

5

Um einer Person „***Gute Besserung***“ zu wünschen, sagt man auf Japanisch **o-daiji ni**.

6 116 14

Um eine höfliche Bitte zu formulieren, benutzt man in Japan die **te**-Form des Verbs in Kombination mit **kudasai**: **-te kudasai** (→ siehe auch Lektion 6).

Tenpura wo tabete kudasai. *(Bitte essen Sie Tempura.)*
Oda-san ni kiite kudasai. *(Bitte fragen Sie Herrn Oda.)*

Im zweiten Beispiel ist **kiite** die **te**-Form von **kiku / kikimasu** (*fragen, hören*).

Achten Sie auf den Unterschied zwischen **kiite** (*fragen, hören*) und **kite** (*kommen*).

7

Setzen Sie die folgenden **te**-Formen in die Lücken ein, um eine korrekte Bitte zu formulieren. In Klammern finden Sie jeweils die Grundform und die **masu**-Form.

nonde (nominasu) • kaite (kakimasu) • kiite (kikimasu) • tabete (tabemasu) • kite (kimasu) • yonde (yomimasu)

1. O-sushi wo __________ kudasai.

2. O-cha wo __________ kudasai.

3. Ofisu ni __________ kudasai.

4. Ī-mēru wo __________ kudasai.

5. Sensei ni __________ kudasai.

6. Shinbun wo __________ kudasai.

LÖSUNG

4 1B, 2E, 3F, 4C, 5D, 6A • **7 1.** tabete, **2.** nonde, **3.** kite, **4.** kaite, **5.** kiite, **6.** yonde

In Japan unterscheidet man zwei Typen von Krankenhäusern: Eine sogenannte **kurinikku** ist oftmals nur eine Arztpraxis mit einigen Belegbetten. Ein Krankenhaus in unserem Sinne mit eine Vielzahl von Stationen, Fachärzten und Betten bezeichnet ma in Japan als **byōin**. Bei einer Erkrankung, die eine stationäre Be-handlung erfordert, sollten Sie also besser ein **byōin** aufsuchen

1 117

Die Berufsbezeichnung *Arzt* heißt auf Japanisch **isha**. Wenn ma zu einer anderen Person über den Arzt spricht, sagt man aber höf-lich **o-isha-san**. Spricht man den Arzt direkt an, so sagt man **sense**

Setzen Sie **isha**, **o-isha-san** und **sensei** richtig ein:

1. ______________, karada wa mada darui desu.
Herr Doktor, ich fühle mich noch schlapp.

2. ______________ ni kiite kudasai.
Fragen Sie den Herrn Doktor.

3. Terajima-san wa ______________ desu.
Herr Terajima ist Arzt.

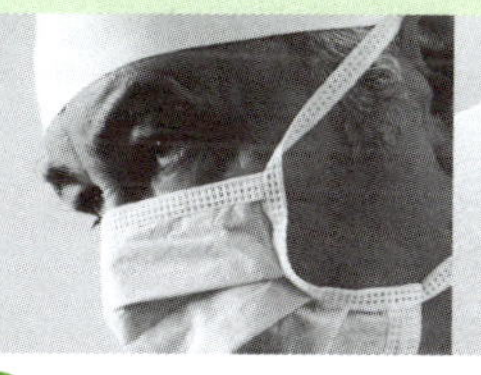

2 118

Hier sehen Sie drei Kurzdialoge, die etwas durcheinandergeraten sind. Ordnen Sie richtig zu.

Hai, sō shimasu. - *Ja, das mache ich so.*

1. O-daiji ni. ____ **A** Hai, sō shimasu.

2. O-kagen wa ikaga desu ka? ____ **B** Arigatō gozaimasu.

3. O-isha-san ni kiite kudasai. ____ **C** Karada wa mada darui desu.

3 § 15

Die Formulierung **... de mo ii desu** haben Sie bereits kennen gelernt, zum Beispiel im Satz **yoji de mo ii desu ka?** (*Ist vier Uhr auch in Ordnung?*)

Wenn Sie der Verbindung **... de mo ii desu ka?** verschiedene Substantive voranstellen, können Sie Vorschläge formulieren. Setzen Sie passende Substantive ein:

Ēgo de mo ii desu ka? *Kann ich das auf Englisch machen?*

____ de mo ii desu ka? *Geht das auch heute?*

____ de mo ii desu ka? *Darf es auch Bier sein?*

____ de mo ii desu ka? *Geht es auch am Dienstag?*

LÖSUNG

1 **1.** sensei, **2.** o-isha-san, **3.** isha • **2** 1B, 2C, 3A • **3** **1.** Kyō, **2.** Bīru, **3.** Kayōbi

4 119

Vorschläge mit der Formulierung **demo ii desu ka?** können Sie so beantworten:

Ii desu yo. *Das geht / ist gut / geht in Ordnung.*
Sore wa chotto ... *Das ist ein bisschen schlecht.*

5 120 § 15

Um eine Erlaubnis zu erfragen oder zu erteilen, kann man **mo ii desu** in Kombination mit Verben benutzen. Das Verb steht dann wie oben in der **te**-Form.

suimasu (
Form: **sutt**
rauchen)

Sensei, tabako wo sutte mo ii desu ka?
Herr Doktor, darf ich rauchen?

Hai, tabako wo sutte mo ii desu. *Ja, Sie dürfen rauchen.*

6

Setzen Sie die **te**-Formen richtig ein und übersetzen Sie.

1. Tabako wo ________ mo ii desu ka?

____

2. Bīru wo ________ mo ii desu.

____

3. Hon wo ________ mo ii desu ka?

____

4. Ī-mēru wo ________ mo ii desu ka?

____

7 § 15

Um Ablehnung zu signalisieren, hängt man **wa ikemasen** an die **te**-Form des Verbs. Wenn Sie also nicht einverstanden sind und eine Erlaubnis nicht erteilen möchten, sagen Sie:

Tabako wo sutte wa ikemasen.
Sie dürfen nicht rauchen. / Rauchen ist nicht erlaubt.

8 121

ongaku - *Musik*

Wandeln Sie die Sätze wie im Beispiel um:

Bīru wo nonde mo ii desu. → Bīru wo nonde **wa ikemasen**.

1. Tenpura wo tabete mo ii desu. ______________.
2. Ongaku wo kiite mo ii desu. ______________.
3. Shinbun wo yonde mo ii desu. ______________.
4. Okite mo ii desu. ______________.
5. O-cha wo nonde mo ii desu. ______________.

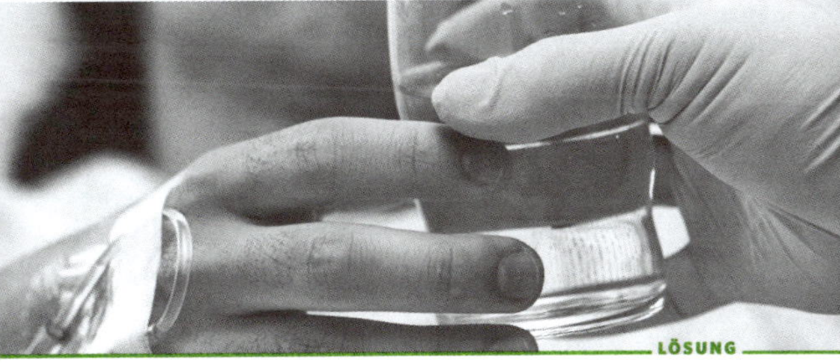

LÖSUNG

6 1. sutte *Darf ich rauchen?* **2.** nonde *Sie dürfen Bier trinken.* **3.** yonde *Darf ich ein Buch lesen?* **4.** kaite *Darf ich eine E-Mail schreiben?* • **8 1.** Tenpura wo tabete wa ikemasen, **2.** Ongaku wo kiite wa ikemasen, **3.** Shinbun wo yonde wa ikemasen, **4.** Okite wa ikemasen. **5.** O-cha wo nonde wa ikemasen.

Wetter und Naturgewalten sind wichtige Themen in Japan. Kein Wunder, denn das Land wird häufig von heftigen Naturerscheinungen wie Taifunen und Erdbeben heimgesucht. Drückende Schwüle im Sommer und sehr kalte Winter sind für viele Gegenden Japans typisch. Eine weitere klimatische Herausforderung stellt der **tsuyu** dar, der so genannte ***Pflaumenregen***, der je nach Region im Juni oder Juli vorherrscht. Für das Wachstum der Reispflanzen ist er zwar sehr wichtig, vielen Japanern ist diese fünfte Jahreszeit mit Dauertristesse und erstickender Feuchtigkeit aber verhasst.

Die wichtigsten Wetterlagen:

Ame ga futte imasu.

Yuki ga futte imasu.

Taiyō ga dete imasu.

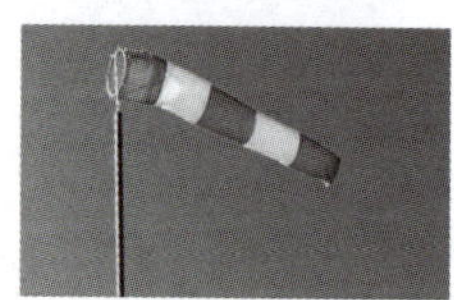

Kaze ga fuite imasu.

2

Betrachten Sie die Bilder auf der vorigen Seite, und ordnen Sie richtig zu:

1. Sonne	___	**A** ame
2. Wind	___	**B** yuki
3. Regen	___	**C** taiyō
4. Schnee	___	**D** kaze

  **123**

dō – *wie?*, **ii** – *gut*, **warui** – *schlecht*

Das *Wetter* heißt auf Japanisch **tenki**.
Übersetzen Sie die folgenden Aussagen:

1. O-tenki wa dō desu ka? ____________________?

2. Tenki wa ii desu. ____________________.

3. Tenki wa warui desu. ____________________.

4

Wenn jemand sagt, **Ā, tenki desu ne,** so heißt das natürlich nicht „*Ah, es gibt Wetter*", sondern:

1. ▢ *Das Wetter ist gut.*

2. ▢ *Das Wetter ist schlecht.*

3. ▢ *Das Wetter hat sich geändert.*

LÖSUNG

2 1C, 2D, 3A, 4B • **3 1.** Wie ist das Wetter? **2.** Das Wetter ist gut.
3. Das Wetter ist schlecht • **4 1.**

Und wie steht es mit den Temperaturen?

Atsui desu.	*Es ist heiß.*
Atatakai desu.	*Es ist warm.*
Samui desu.	*Es ist kalt.*
Suzushii desu.	*Es ist kühl.*

Geben Sie an, wie viel Grad es hat, und ergänzen Sie, ob es heiß, warm, kalt oder kühl ist.

do - *Grad,*
mainasu - *minu*

30 Kyō wa sanjū do desu. Atsui desu ne.

1. 25° Kyō wa ________________. ____________ desu ne
2. 13° Kyō wa ________________. ____________ desu ne
3. -6° Kyō wa mainasu ____________. ____________ desu ne
4. 39° Kyō wa ________________. ____________ desu ne

7 § 11

Wenn Sie ausdrücken möchten, dass etwas in der Vergangenheit passiert ist, verändern Sie die Endung des Verbs.

-masu → -mashita **desu → deshita**

8 125

Kennzeichnen Sie die Vergangenheitsform mit einem V und die Gegenwartsform mit einem G:

1. Sanjū do deshita.
2. Sanjūdo desu.
3. Tenisu wo shimasu.
4. Tenisu wo shimashita.
5. Hon wo yomimasu.
6. Hon wo yomimashita.
7. Taiyō ga dete imashita.
8. Taiyō ga dete imasu.

9 126

Setzen Sie diese Sätze in die Vergangenheit:

1. Ame ga futte imasu. Ame ga __________.
2. Ī-mēru wo kakimasu. Ī-mēru wo __________.
3. Kaze ga fuite imasu. Kaze ga __________.
4. Bīru wo nomimasu. Bīru wo __________.
5. Basu de ikimasu. Basu de __________.

LÖSUNG

6 1. nijūgo do desu. Atatakai **2.** jūsan do desu. Suzushii **3.** roku do desu. Samui **4.** sanjūkyūdo desu. Atsui • **8** 1V, 2G, 3G, 4V, 5G, 6V, 7V, 8G • **9 1.** futte imashita **2.** kakimashita **3.** fuite imashita **4.** nomimashita **5.** ikimashita

Der Klassiker im japanischen Nachtleben ist natürlich die Karaokebar. In den Amüsiervierteln der großen Städte findet man ganze Hochhäuser, die mit den meist recht kleinen Lokalen gefüllt sind. Traditionell werden viele Karaoke-Bars von Frauen, den **mama-san** geführt. Das Publikum kann je nach Bar ganz unterschiedlich sein. Überall gilt aber das Motto: Dabeisein und mitmachen ist alles. Neben japanischen Schlagern finden sich auch zahlreiche ausländische Titel, die man auf Englisch oder Deutsch singen kann.

  127

Ordnen Sie die Übersetzungen für diese Abendaktivitäten richtig zu.

dansu – *Tanz,* **eiga** – *Film,* **mimasu** – *sehen, anschaue*

1. Karaoke ni ikimasu. ____ A *Ich gehe tanzen.*
2. Dansu ni ikimasu. ____ B *Ich sehe einen Film.*
3. Eiga wo mimasu. ____ C *Ich gehe zum Karaoke.*

2

Mit der Wendung **to issho ni** drücken Sie aus, dass Sie etwas mit jemandem gemeinsam gemacht haben.

> **to** – *mit*, **issho ni** – *zusammen*

Satō-san to issho ni resutoran ni ikimashita.
Ich bin mit Herrn Satō zusammen ins Restaurant gegangen.

Übersetzen Sie:

Ich trinke mit dem Lehrer zusammen Bier.

____.

3

Eine Japanerin berichtet ihrer Freundin vom gestrigen Besuch in der Karaoke-Bar. Setzen Sie die passenden Verben in der Vergangenheitsform ein.

> **kinō** – *gestern*, **o-tsumami** – *Knabbergebäck*, **uta wo utaimasu** – *ein Lied singen*

1. Kinō, tomodachi to issho ni karaoke ni ________________.

2. O-tsumami wo ________________.

3. Bīru wo ________________.

4. Uta wo ________________.

5. Soshite, ēga ________________.

LÖSUNG

1 1C, 2A, 3B • **2** Sensei to issho ni bīru wo nomimasu. • **3 1.** ikimashita, **2.** tabemashita, **3.** nomimashita, **4.** utaimashita, **5.** wo mimashita

4 128

Ordnen Sie richtig zu:

1. *Ich esse Sushi.*	___	**A** O-sushi wo tabete kudasai.
2. *Ich esse kein Sushi.*	___	**B** O-sushi wo tabetai desu.
3. *Bitte, essen Sie Sushi.*	___	**C** O-sushi wo tabemasu.
4. *Ich möchte Sushi essen.*	___	**D** O-sushi wo tabemashita.
5. *Darf ich auch Sushi essen?*	___	**E** O-sushi wo tabemasen.
6. *Sie dürfen Sushi essen.*	___	**F** O-sushi wo tabete mo ii desu ka?
7. *Ich habe Sushi gegessen.*	___	**G** O-sushi wo tabete mo ii desu.

5 129

Lesen Sie den Dialog und beantworten Sie die anschließenden Fragen.

A: Sumimasen. Kono chikaku ni wa sūpā wa arimasu ka?
B: Sūpā desu ka? Arimasu yo.
A: Doko desu ka?
B: Hoteru no tonari ni arimasu.
A: Dōmo arigatō gozaimasu.
B: Dō itashimashite.

Dō itashimashite! – *Keine Ursache!*

1. Was sucht Person A? ____________________

2. Wo befindet sich das gesuchte Geschäft? ____________

6 130

Ordnen Sie die Übersetzungen richtig zu.

1. Nanji desu ka? ___ **A** *Wie teuer ist das?*

2. Ikura desu ka? ___ **B** *Wo ist das?*

3. Doko desu ka? ___ **C** *Wie spät ist es?*

7

Welches Adjektiv passt?

kirei • takai • hiroi • tanoshii

1. Kono nekutai wa chotto __________ desu ne.

2. Sensei wa __________ desu.

3. Kono hon wa totemo __________ desu.

4. Maeda-san no apāto wa __________ desu ne.

8

Zum guten Schluss noch eine letzte neue Vokabel:

O-tsukare-sama deshita! *Vielen Dank für Ihre Mühe!*

LÖSUNG

4 1C, 2E, 3A, 4B, 5F, 6G, 7D • **5** **1.** einen Supermarkt, **2.** neben dem Hotel • **6** 1C, 2A, 3B • **7** **1.** takai **2.** kirei **3.** tanoshii **4.** hiroi

1 Grammatik

In der Grammatik werden alle im Kurs behandelten Regeln anschaulich erklärt. Das Symbol , das Sie in den Lektionen immer wieder gefunden haben, verweist auf die jeweiligen Grammatikthemen, die Sie auf den nächsten Seiten nachlesen können.

2 Lektionswortschatz

Im Lektionswortschatz finden Sie alle wichtigen Wörter und Wendungen aus jeder Lektion. So können Sie den Wortschatz lektionsweise und thematisch lernen und auch hören.

Die Tondateien finden Sie unter **www.pons.de/pocket-sprachkurs-JP**

3 Alphabetische Wortliste

Hier finden Sie alle im Kurs vorkommenden japanischen Wörter in alphabetischer Reihenfolge zum Nachschlagen.

§ 1 SATZSTELLUNG

Für die japanische Sprache gilt ein einfaches Satzmuster:

Subjekt	Objekt	Prädikat
Watashi wa *Ich*	**enjinia** *Ingenieur/in*	**desu.** *ist.*
Myurā san wa *Frau/Herr Müller*	**enjinia** *Ingenieur/in*	**desu.** *ist.*

Diese Satzstellung kann im Japanischen immer erhalten bleiben, da grammatische Informationen durch nachgestellte Partikeln gegeben werden.

So entsteht zum Beispiel durch die Partikel **ka** hinter dem Prädikat aus dem Satz ein Fragesatz.

Myurā san wa enjinia desu ka.
Frau/Herr Müller Ingenieur/in ist?

§ 2 LÄNDER-SUFFIXE

Durch Anhängen des Suffixes **-jin** an einen Ländernamen bildet man die Bezeichnung der Bewohner des Landes, durch Anhängen des Suffixes **-go** entsteht die Bezeichnung der Sprache.

Land	Bewohner	Sprache
nihon *Japan*	**nihon-jin** *Japaner/in*	**nihon-go** *Japanisch*
chūgoku *China*	**chūgoku-jin** *Chinese/Chinesin*	**chūgoku-go** *Chinesisch*
doitsu *Deutschland*	**doitsu-jin** *Deutsche/r*	**doitsu-go** *Deutsch*
furansu *Frankreich*	**furansu-jin** *Franzose/Französin*	**furansu-go** *Französisch*
supein *Spanien*	**supein-jin** *Spanier/in*	**supein-go** *Spanisch*
itaria *Italien*	**itaria-jin** *Italiener/in*	**itaria-go** *Italienisch*
igirisu *England*	**igirisu-jin** *Engländer/in*	**ē-go** *Englisch*
oranda *Holland*	**oranda-jin** *Holländer/in*	**oranda-go** *Holländisch*
amerika *Amerika*	**amerika-jin** *Amerikaner/in*	**ē-go** *Englisch*
ōsutoria *Österreich*	**ōsutoria-jin** *Österreicher/in*	**doitsu-go** *Deutsch*
suisu *Schweiz*	**suisu-jin** *Schweizer/in*	

§ 3 SUBSTANTIVE (HAUPTWÖRTER)

Substantive haben im Japanischen weder eine weibliche noch eine männliche Form und auch keine Artikel. Außerdem besitzen sie weder Singular noch Plural.

nihon-jin	*ein Japaner, eine Japanerin*
	viele Japaner, viele Japanerinnen

Die entsprechenden Informationen müssen ausdrücklich hinzugefügt werden oder ergeben sich aus dem inhaltlichen Zusammenhang.

§ 4 SUBSTANTIVE + PARTIKELN

Die grammatische Information, wie ein Substantiv im Satz verwendet wird, wird durch **Partikeln** gegeben. Partikeln sind kleine Funktionswörter, die hinter das Substantiv bzw. ein Pronomen (Fürwort) treten. Die Substantive selbst werden nicht verändert. Da jedes Substantiv eine beliebige Position innerhalb des Satzes einnimmt, erscheinen die Substantive fast immer mit ihrer jeweiligen nachgestellten Zuweisung innerhalb des Satzes; entweder gefolgt von der jeweiligen **Partikel** oder durch das Wörtchen **desu** *(ist)*.

Fälle

wa, ga Substantiv im 1. Fall (Nominativ, *wer*-Fall)
Sensei wa kirei desu.
Die Lehrerin ist hübsch.

no Substantiv im 2. Fall (Genitiv, *wessen*-Fall)
Watashi no hon desu.
Es ist mein Buch.

wo Substantiv im 4. Fall (Akkusativ, *wen*-Fall)
Tenisu wo shimasu.
(Ich) spiele Tennis.

ni Ortspartikel: Angabe des Ortes oder der Richtung
Hoteru ni tomarimasu.
(Ich) übernachte im Hotel.

ni Zeitpartikel: Angabe des Zeitpunktes
Sanji ni ikimasu.
(Ich) komme um drei Uhr.

de Instrumentalpartikel: Womit geschieht etwas?
Basu de ikimasu.
Ich fahre mit dem Bus.

Die Partikel **wa** bedeutet in etwa *„was ... betrifft"* und folgt einem Substantiv bzw. Pronomen. Sie kennzeichnet nicht nur die Verwendung im 1. Fall, sondern hat auch die Aufgabe, das Satzthema herauszustellen, das meistens das Subjekt des Satzes ist, aber es nicht sein muss. »

Verwendung im 1. Fall (Nominativ):

wa nach einem Substantiv:	**Tanaka-san wa sensei desu.** *Herr Tanaka ist Lehrer.*
wa nach einem Pronomen:	**Kore wa nihon desu.** *Dies ist Japan.*

§ 5 PARTIKELN AM SATZENDE

Partikeln am Satzende verändern die Aussage oder Nuance eines Satzes.

ka ist die Fragepartikel, die aus einem Aussagesatz einen Fragesatz macht.

Tenisu wo shimasu ka? *Spielen Sie Tennis?*

ne am Satzende bedeutet *„nicht wahr?"*. Ne drückt Mitgefühl aus oder fordert Zustimmung.

Hiroi desu ne. *Es ist geräumig, nicht wahr?* *Das ist aber geräumig!*

yo am Satzende bekräftigt die Aussage und bedeutet *„doch"* oder *„aber"*. Yo leitet eine neue Information ein und kann eine Aufforderung bedeuten.

Takai desu yo. *Das ist doch teuer.*

§ 6 AKTIONEN: SUBSTANTIV + WO + SHIMASU

Viele Substantive können verbunden mit dem Verb (Tätigkeitswort) **shimasu** *(machen, tun)* eine Aktion ausdrücken. Dazu setzen Sie zwischen Substantiv und Verb die Objektpartikel **wo:**

Tenisu wo shimasu.	*Ich spiele Tennis.*
Kaimono wo shimasu.	*Ich kaufe ein.*
Ryōri wo shimasu.	*Ich koche.*
Shigoto wo shimasu.	*Ich arbeite.*
Benkyō wo shimasu.	*Ich lerne.*
Sakkā wo shimasu.	*Ich spiele Fußball.*
Jogingu wo shimasu.	*Ich jogge.*

§ 7 VERBEN

Anders als im Deutschen gibt es nur eine Form eines Verbs im Japanischen für alle Personen im Singular und Plural:

ikimasu	*ich gehe, du gehst, er / sie / es geht, wir gehen / ihr geht / sie gehen*

Die Endungen der Verben können allerdings verändert werden. Unterschiedliche Verbendungen zeigen zum Beispiel einen Unterschied in der Zeit oder im Grad der Höflichkeit an. »

In diesem Buch wird durchgehend die **masu-Form** der Verben benutzt, denn sie ist höflich und neutral. Außerdem ist die **te-Form** wichtig, da sie für die absolute Gegenwart und die Formulierung von Bitten notwendig ist. Es empfiehlt sich, die Formen auswendig zu lernen. Der Vollständigkeit halber enthält die folgende Tabelle auch den Infintiv aller Verben. Er wird in diesem Kurs zwar nicht vorgestellt, man benötigt ihn aber zum Beispiel zum Nachschlagen eines Verbs im Wörterbuch.

masu-Form	te-Form	Infinitiv	Deutsch
aimasu	**atte**	**au**	*treffen*
arimasu	**atte**	**aru**	*geben / haben*
arukimasu	**aruite**	**aruku**	*zu Fuß gehen*
desu	**-***	**da**	*sein*
hikimasu	**hiite**	**hiku**	*spielen (Klavier ...)*
ikimasu	**itte**	**iku**	*gehen*
imasu	**ite**	**iru**	*sein*
kaimasu	**katte**	**kau**	*kaufen*
kakimasu	**kaite**	**kaku**	*schreiben*
kikimasu	**kiite**	**kiku**	*hören*
kimasu	**kite**	**kuru**	*kommen*
mimasu	**mite**	**miru**	*sehen*
nomimasu	**nonde**	**nomu**	*trinken*

okimasu	**okite**	**okiru**	*aufstehen*
shimasu	**shite**	**suru**	*machen, tun*
suimasu	**sutte**	**sū**	*rauchen*
tabemasu	**tabete**	**taberu**	*essen*
tomarimasu	**tomatte**	**tomaru**	*übernachten*
yomimasu	**yonde**	**yomu**	*lesen*

* Das Verb **da, desu** – *sein* wird im Japanischen als Kopula bezeichnet. Man hängt es an beliebige Ausdrücke an, um daraus ein volles Prädikat zu machen. **desu** besitzt keine **te**-Form zur Formulierung von Bitten.

§ 8 DIE ABSOLUTE GEGENWART (TE-FORM)

Das Japanische verfügt über eine Form zum Ausdruck der absoluten Gegenwart, eines momentanen Zustands. Auf Deutsch könnte man es mit *jetzt, gerade, im Moment* wiedergeben. Die **te**-Form entspricht der englischen Verlaufsform (*ing*-Form).

Shinbun o yonde imasu.	*Ich lese gerade die Zeitung.*
Shinbun o yonde imashita.	*Ich habe die Zeitung gelesen.*

Die Bildung der **te-**Form ist nicht ganz so regelmäßig wie bei den anderen Formen. Am besten lernen Anfänger die Formen auswendig.

§ 9 ARIMASU / IMASU

Wenn Sie auf eine Person oder eine Sache verweisen, die vorhanden oder anwesend ist, verwenden Sie die Verben **arimasu** und **imasu**. Im Japanischen wird dabei zwischen Lebendigem (**imasu**) und unbelebten Dingen (**arimasu**) unterschieden:

Itō-san wa imasu.	*Herr Itō ist da.*
Konpyūtā wa arimasu.	*Es gibt / Ich habe einen Computer.*

Der Besitzer wird mit der Partikel **wa** markiert, das Objekt mit der Partikel **ga.**

Itō-san wa kodomo ga imasu.	*Herr Itō hat Kinder.*

§ 10 VERBEN IN DER GEGENWART VERNEINEN

Zur Verneinung eines Verbs in der Gegenwartsform ersetzt man die **masu**-Endung durch die Endung -**masen**.

Tenpura wo tabemasu.	*Ich esse Tempura.*
Tenpura wo tabemasen.	*Ich esse kein Tempura.*

§ 11 DIE VERGANGENHEITSFORM DER VERBEN

Die Vergangenheitsform bildet man, indem man die **masu**-Endung streicht und durch -**mashita** ersetzt.

Hoteru ni tomarimasu.	*Ich übernachte im Hotel.*
Hoteru ni tomarimashita.	*Ich habe im Hotel übernachtet.*

§ 12 DIE ABSICHTSFORM

Die Absichtsform bildet man, indem man die **masu**-Endung streicht und durch -**tai desu** ersetzt.

Tenisu wo shimasu.	*Ich spiele Tennis.*
Tenisu wo shitai desu.	*Ich möchte Tennis spielen.*

§ 13 AUFFORDERUNGEN FORMULIEREN

Aufforderungen formuliert man, indem man die **masu**-Endung der Verben streicht und durch -**mashō** ersetzt.

Dansu ni ikimasu.	*(Wir) gehen tanzen.*
Dansu ni ikimashō.	*Lassen Sie uns / lasst uns tanzen gehen.*

§ 14 HÖFLICHE BITTEN UND ABLEHNUNGEN

Höfliche Bitten (höfliche Befehle) werden folgendermaßen gebildet: **te-Form** + **kudasai**

yomimasu *(lesen):*	**Yonde kudasai.** *Lesen Sie bitte!*
tabemasu *(essen):*	**Tabete kudasai.** *Essen Sie bitte.*

(te-Form → § 8)

§ 15 ERLAUBNIS ERBITTEN, ERTEILEN UND ABLEHNEN

Man kann mit der Phrase **mo ii desu** eine Erlaubnis erteilen.

Ei-go de mo ii desu.
Wir können gerne auch Englisch sprechen!

Indem man ein **ka** anhängt, bittet man um Erlaubnis:

Ei-go de mo ii desu ka.
Können wir auch Englisch sprechen?

mo ii desu kann man auch in Verbindung mit Verben benutzen. Das Verb steht dann in der **te-Form** vor **mo ii**.

Bīru wo nonde mo ii desu.
Sie dürfen gerne Bier trinken.

Bīru wo nonde mo ii desu ka?
Darf ich auch Bier trinken?

Mit der Formulierung **wa ikemasen**, die im Anschluss an an die te-Form folgt, kann man sein Einverständnis verwehren.

Bīru wo nonde wa ikemasen.
Sie dürfen kein Bier trinken.

§ 16 I-ADJEKTIVE UND NA-ADJEKTIVE

Es gibt zwei Gruppen von Adjektiven, die jeweils unterschiedlich behandelt werden.

1. i-Adjektive (echte Adjektive)

Sie enden immer auf **-i**, wobei diesem -i ein **a, i, o** oder **u** vorausgeht.

yasui (*billig*) **akarui** (*hell*) **takai** (*teuer*)

2. na-Adjektive (Quasi-Adjektive)

na-Adjektive sind Substantive, die erst durch Anhängen von na zu Adjektiven werden. Meistens enden sie nicht auf -i. Falls doch, dann geht dem -i ein e oder ein Konsonant voraus.

kirei (*schön*) **suki** (*gern haben*) **benri** (*praktisch*)

Prädikativer Gebrauch der Adjektive (*... ist schön, ... ist groß*):

Bildung: **wa** + Adjektiv + **desu**

Burausu wa takai desu. *Die Bluse ist teuer.*
Konpyūtā wa benri desu. *Der Computer ist praktisch,*

Attributiver Gebrauch (*das schöne ..., das große ...*):

i-Adjektive bleiben bei attributivem Gebrauch unverändert und stehen dann vor dem Substantiv, auf das sie sich beziehen.

akarui heya *ein helles Zimmer*
takai burausu *eine teure Bluse*

»

na-Adjektive werden um die Nachsilbe **-na** erweitert:

kirei-na uchi — *ein hübsches Haus*
benri-na konpyūtā — *ein praktischer Computer*

§ 17 VERNEINUNG VON ADJEKTIVEN

Die **na-Adjektive** bleiben unverändert, wenn sie verneint werden. Es wird nur **dewa nai desu** angehängt:

O-share dewa nai desu. — *Es ist nicht schick.*

Bei **i-Adjektiven** wird das letzte **i** durch ein **ku** ersetzt. Erst dann folgt **nai desu**.

Takai desu. — *Es ist teuer.*
Takakunai desu. — *Es ist nicht teuer.*

§ 18 DAS KO-SO-A-DO-SYSTEM

Um unterschiedliche Entfernungen von Dingen deutlich zu machen, gibt es im Japanischen das so genannte **„Ko-so-a-do-System"**.

ko = bezieht sich auf etwas, das sich beim Sprecher befindet

so = bezieht sich auf etwas, das sich beim Hörer befindet

a = liegt außerhalb des Bereiches von Sprecher und Hörer

do = mit **do** werden die entsprechenden Fragewörter dazu gebildet

Gegenstand	Ort
ko → **ko**re - *dies*	ko → **ko**ko - *hier*
so → **so**re - *das (beim Hörer)*	so → **so**ko - *dort*
a → **a**re - *jenes*	a → **a**soko - *dort drüben*
do → **do**re - *welches?*	do → **do**ko - *wo?*

§ 19 ORTSANGABEN

Im Japanischen werden die Ortsangaben hinter das Bezugswort gestellt und mit der Genitivpartikel **no** verbunden:

eki no mae *vor dem Bahnhof ...*

mae	*vor*	**ushiro**	*hinter*
chikaku	*in der Nähe*	**tonari**	*neben*
migi	*rechts*	**hidari**	*links*
naka	*in, innen*	**soto**	*außerhalb*
ue	*auf, über*	**shita**	*unter*

§ 20 DAS ZAHLENSYSTEM

Die Zahlen von 1 bis 10 lauten:

1 **ichi**	6 **roku**
2 **ni**	7 **nana** (shichi)
3 **san**	8 **hachi**
4 **yon** (shi)	9 **kyū** (ku)
5 **go**	10 **jū**

»

Man benutzt diese Zahlen beim Durchzählen oder bei der Nennung von Telefonnummern. Zum Aufzählen von Gegenständen oder bei der Nennung von Personenzahlen benutzt man spezielle Zählwörter (§ 22, 23). Dabei und bei der Nennung von Uhrzeiten (§ 21) kommen auch die alternativen Lesungen der Zahlen 4 und 7 zum Einsatz, die oben in Klammern angegeben sind.

Die Zehnerzahlen werden mit **jū** gebildet, zum Beispiel:

20 **nijū**
40 **yonjū**
70 **nanajū**

Die Hunderter werden mit **hyaku** gebildet. Bei einigen Zahlen kommt es zu Lautveränderungen:

100 **hyaku**
300 **sanbyaku** (san + hyaku)
600 **roppyaku** (roku + hyaku)
700 **nanahyaku** (nana + hayku)
800 **happyaku** (hachi + hyaku)

Die Tausender werden mit **sen** gebildet.

1000 **sen**
3000 **sanzen** (san + sen)
8000 **hassen** (hachi + sen)

Die Einheit **man** für 10.000 ist gewöhnungsbedürftig:

10.000 **ichiman**
40.000 **yonman**

100.000 **jūman**
500.000 **gojūman**

Es gibt keine Einheit für *Million*, stattdessen kombiniert man **hyaku** und **man**, *100 X 10.000*:

1.000.000 **hyakuman**

10.000.000 werden aus den Zeichen **sen** und **man** kombiniert, also *1000 X 10.000*:

10.000.000 **issenman** (ichi + sen + man)

Bei der Bildung großer Zahlen werden die einzelnen Zahlenkomponenten, beginnend mit der größten Einheit, aneinandergereiht:

51	go**jū** ichi
374	san**byaku** nan**jū** yon
423.756	yon**jū** ni **man** san**zen** nana**hyaku** go**jū** roku

§ 21 UHRZEITEN

Die Uhrzeiten werden ganz regelmäßig und logisch gebildet. An die Zahlen von 1 bis 12 wird das Suffix **ji** für *Uhr* angehängt:

ichiji – *1 Uhr* **niji** – *2 Uhr*

Halbe Stunden vor der nächsten vollen Stunde werden mit dem Wort **han** angezeigt:

ichiji han – *halb 2 (1 + eine halbe Stunde)* »

Da die japanischen Uhrzeiten im gesprochenen Japanisch häufig nur mit den Zahlen von 1 bis 12 gebildet werden, kann man, um Missverständnisse zu vermeiden, **gozen** - *vormittags (a.m.)* oder **gogo** - *nachmittags (p.m.)* hinzufügen:

gozen (no) goji han = *5.30 Uhr* oder *halb 6 morgens*
gogo (no) goji han = *17.30 Uhr* oder *halb 6 abends*

§ 22 ZÄHLEN OHNE ZÄHLWORT

Im Japanischen werden Gegenstände oft mit ganz bestimmten Kategoriewörtern gezählt. Gegenstände, die in keine bestimmte Kategorie passen, werden mit dem folgenden Zahlensystem gezählt. Dieses Zahlensystem kann auch verwendet werden, wenn man die passenden Kategoriewörter nicht kennt.

1 - **hitotsu**
2 - **futatsu**
3 - **mittsu**
4 - **yottsu**
5 - **itsutsu**
6 - **muttsu**
7 - **nanatsu**
8 - **yattsu**
9 - **kokonotsu**
10 - **tō**

Kōcha wo yottsu to kōhī o futatsu kudasai.
Viermal schwarzen Tee und zweimal Kaffee bitte.

§ 23 PERSONEN ZÄHLEN

Zum Zählen von Personen gibt es im Japanischen eigene Zählwörter:

hitori	*eine Person*
futari	*zwei Personen*
sannin	*drei Personen*
yonin	*vier Personen*
gonin	*fünf Personen*
rokunin	*sechs Personen*
nananin / shichinin	*sieben Personen*
hachinin	*acht Personen*
kyūnin	*neun Personen*
jūnin	*zehn Personen*

1 LÄNDER, STÄDTE, BESONDERHEITEN

samurai	*Samurai*
sashimi	*roher Fisch*
sake	*japanischer Reiswein*
Sayōnara.	*Auf Wiedersehen.*
sumō	*Sumo-Sport*
sakura	*Kirsche*
sapporo	*Sapporo* (japan. Großstadt)
sushi	*roher Fisch auf Reis*
nippon	*Japan*
nihon	*Japan*
Tōkyō	*Tokyo* (Hauptstadt Japans)
shikoku	*Shikoku* (eine japan. Hauptinsel)
hokkaidō	*Hokkaido* (eine japan. Hauptinsel)
kyūshū	*Kyushu* (eine japan. Hauptinsel)
honshū	*Honshu* (eine japan. Hauptinsel)
desu	*sein (Verb)*
chūgoku	*China*
doitsu	*Deutschland*
itaria	*Italien*
igirisu	*England*
furansu	*Frankreich*
supein	*Spanien*
oranda	*Holland*
amerika	*Amerika*
pekin	*Peking*
berurin	*Berlin*
rōma	*Rom*
pari	*Paris*
amusuterudamu	*Amsterdam*

2 BEGRÜSSUNGEN

Irasshaimase.	*Willkommen!*
Konnichi wa.	*Guten Tag.*
O-genki desu ka?	*Wie geht es Ihnen?*
Arigatō gozaimasu.	*Vielen Dank.*
arigatō	*danke*
Dōmo arigatō gozaimasu.	*Vielen herzlichen Dank.*
Genki desu.	*Mir geht es gut.*
o-	Höflichkeits-Vorsilbe
Ohayō gozaimasu.	*Guten Morgen.*
Konban wa.	*Guten Abend.*
Oyasumi nasai.	*Gute Nacht.*
Jā ne.	*Tschüs!*
Sayōnara.	*Auf Wiedersehen.*
o-miyage	*Gastgeschenk, Mitbringsel*
dōzo	*Bitte sehr!*
O-jama shimasu.	*„Ich belästige Sie."*
Dōzo, kochira e.	*Hier entlang, bitte.*

LEKTION 3
SICH VORSTELLEN

O-namae wa?	*Wie ist Ihr Name?*
namae	*Name*
yama	*Berg*
kawa	*Fluss*
shita	*unter*
guchi / kuchi	*Eingang*
ta / da	*Feld*
mori	*Wald*
Hajimemashite.	*Schön, Sie kennen zu lernen.*
Dōzo.	*Bitte sehr.*
yoroshiku	*angenehm, recht*
Yoroshiku onegai shimasu.	*Angenehm, Sie kennen zu lernen.*
go (doitsu-go)	*Sprache (Deutsch)*
jin (doitsu-jin)	*Mensch (Deutsche/r)*
ōsutoria	*Österreich*
suisu	*Schweiz*
retoroman-go	*Rätoromanisch*

4 ANDERE VORSTELLEN

meishi	*Visitenkarte*
- san	*Herr / Frau (Anrede)*
kochira wa ...	*Diese Person hier ist ...*
wa	Themapartikel
konpyūtā	*Computer*
hai	*ja*
ringo	*Apfel*
Sō desu.	*So ist es.*
... ne	*..., nicht wahr?*
Sō desu ne.	*So ist es, nicht wahr?*
sō, sō, sō	*aha*

5 BERUFE

enjinia	*Ingenieur/in*
suchuwādesu	*Steward/ess*
uētoresu	*Kellner/in*
pairotto	*Pilot/in*
manējā	*Manager/in*
kenchiku-ka	*Architekt/in*
isha	*Arzt / Ärztin*
bengo-shi	*Rechtsanwalt/anwältin*
kaisha-in	*Angestellte/r*
ongaku-ka	*Musiker/in*
honyaku-ka	*Übersetzer/in*
ginko-in	*Bankangestellte/r*
hon-ya	*Buchhändler/in*
wa	Subjektpartikel
kore	*dies*
rapputoppu	*Laptop*

6 SMALLTALK

shigoto	*Arbeit*
o-shigoto	*Ihre Arbeit*
nan	*was?*
nani	*was?*
… ni tsutomete imasu	*arbeiten bei …*
Bosshu	*die Firma Bosch*
doko	*wo?*
… ni sunde imasu	*wohnen in …*
ka	Fragepartikel
kekkon shite imasu	*verheiratet sein*
kekkon shimasu	*heiraten*
benkyō shite imasu	*lernen, studieren*
benkyō	*Studium, Lernen*
Kochira koso.	*Danke gleichfalls.*
gakusei	*Student/in*
Ueno	Stadtteil von Tokyo
Kanda	Stadtteil von Tokyo
keiji	*Polizeiinspektor/in*
no	Genitivpartikel (*„von"*)
tomodachi	*Freund/in*

7 IM HAUS

apāto	*Apartment*
manshon	*Wohnung in einem Wohnblock*
ryō	*Wohnheim*
ikkodate	*freistehendes Haus*
watashi	*ich*
anata	*du*
kitchin	*Küche*
dainingu	*Esszimmer*
ribingu	*Wohnzimmer*
barukonī	*Balkon*
toire	*Toilette*
genkan	*Eingang*
ima	*Wohnzimmer*
daidokoro	*Küche*
shosai	*Arbeitszimmer*
o-furoba	*Bad*
shinshitsu	*Schlafzimmer*
… wa doko desu ka?	*Wo ist …?*
koko	*hier*
asoko	*dort drüben*

8 BEKLEIDUNG

sētā	*Pullover*
tīshatsu	*T-Shirt*
burausu	*Bluse*
sukāto	*Rock*
kutsu	*Schuhe*
zubon	*Hose*
wanpīsu	*Kleid*
nekutai	*Krawatte*
kōto	*Mantel*
būtsu	*Stiefel*
arimasu	*es gibt*
... wa arimasu ka?	*Führen Sie ...?*
akai	*rot*
shiroi	*weiß*
kuroi	*schwarz*
midori-iro	*Grün*
aoi	*blau*
kiiroi	*gelb*
pinku-iro	*Rosa*
chairo	*Braun*
orenji-iro	*Orange*
gurē	*grau*
takai	*teuer*
yasui	*billig*
nagai	*lang*
mijikai	*kurz*

9 EINKAUFEN

depāto	*Kaufhaus*
konbini	*24-Stunden-Laden*
hyaku-en-shoppu	*100-Yen-Shop*
saifu	*Portemonnaie*
ikaga	*wie*
Ikaga desu ka?	*Wie ist es?*
chotto	*ein bisschen*
ii	*gut*
Kore wo kudasai.	*Dies hier bitte.*
... ne	*..., nicht wahr?*
sore	*jenes*
are	*jenes dort drüben*
denwa	*Telefon*
tēburu	*Tisch*
keitai denwa	*Mobiltelefon*
ikura	*wie teuer*
hyaku	*100*
sen	*1000*
Ichi-man	*10.000*
en	*Yen*

10 FAMILIE

o-shōgatsu	*Neujahr*
kodomo	*Kind*
o-ko-san	*Ihr Kind / dein Kind*
musume	*Tochter*
musume-san	*Ihre / deine Tochter*
musuko	*Sohn*
musuko-san	*Ihr / dein Sohn*
shujin	*mein Ehemann*
go-shujin	*Ihr / dein Ehemann*
tsuma	*meine Ehefrau*
oku-san	*Ihre / deine Ehefrau*
kirei	*hübsch, sauber*
gakusei	*Student/in*
imasu	*sein / da sein (bei Lebewesen)*
arimasu	*sein / geben / haben (bei Dingen)*
hitori	*eine Person*
futari	*zwei Personen*
sannin	*drei Personen*
yonin	*vier Personen*
gonin	*fünf Personen*
rokunin	*sechs Personen*
nananin	*sieben Personen*
shichinin	*sieben Personen*
hachinin	*acht Personen*
kyūnin	*neun Personen*
jūnin	*zehn Personen*
ga	Subjektpartikel
petto	*Haustier*
neko	*Katze*

11 KOMMUNIKATION

muzukashii	*schwierig*
iie	*nein*
o-share	*schick*
hiroi	*groß, geräumig*
akarui	*hell*
kawaii	*süß, niedlich*
oishii	*lecker*
ii	*gut, schön*
tanoshii	*macht Spaß*
... ne	*..., nicht wahr?*
kono	*dieses*
ima	*Wohnzimmer*
sensei	*Lehrer/in*
benri	*praktisch*
daijōbu	*in Ordnung*
sumimasen	*Entschuldigung / Danke*
dōzo	*bitte sehr*
uchi	*Haus*
Sō desu ka.	*Ach, so ist das.*
kyakuma	*Gästezimmer*

12 GESCHENKE, STÄRKEN UND SCHWÄCHEN

ureshii	*glücklich*
Dōmo arigatō gozaimashita.	*Vielen herzlichen Dank.*
Tsumaranai mono desu (ga).	*Das ist wirklich nur eine Kleinigkeit.*
kenson	*Bescheidenheit*
... ga suki desu.	*Ich mag ...*
... ga daisuki desu.	*Ich mag ... sehr gerne.*
... ga kirai desu.	*Ich mag ... nicht.*
... ga daikirai desu.	*Ich mag ... überhaupt nicht.*
baiorin	*Geige*
supōtsu	*Sport*
kaimono	*Einkäufe*
kaimono wo shimasu	*Einkäufe machen*
sakkā	*Fußball*
ryōri	*Essen / Speisen*
ryori wo shimasu	*Essen zubereiten / kochen*
karate	*Karate*
jogingu	*Jogging*
suiei	*Schwimmen*
basukettobōru	*Basketball*
tenisu	*Tennis*
wo	Akkusativpartikel
... wo shimasu	*... (be)treiben*
o-kashi	*Süßigkeiten*
totemo	*sehr*

13 IM RESTAURANT

wain	*Wein*
o-cha	*Tee*
kōhī	*Kaffee*
jūsu	*Orangensaft*
gyūnyū	*Milch*
mineraruwōtā	*Mineralwasser*
kōcha	*schwarzer Tee*
bīru	*Bier*
o-	Höflichkeitsvorsilbe
Go-chūmon wa?	*Was möchten Sie bestellen?*
yakitori	*gebratene Hühnerspieße*
tenpura	*ausgebackene Gemüse / Meeresfrüchte*
karēraisu	*Curryreis*
rāmen	*chinesische Nudeln*
yakisoba	*gebratene Buchweizennudeln*
udon	*dicke Weizennudeln*
to	Verbindungspartikel *(und)*
O-kanjō wo onegai shimasu.	*Die Rechnung bitte.*
hitotsu	*ein Stück*
futatsu	*zwei Stück*
mittsu	*drei Stück*
yottsu	*vier Stück*
itsutsu	*fünf Stück*

14 BEI TISCH

Meshiagatte kudasai.	*Greifen Sie zu.*
itadakimasu	*Ich empfange das Essen.*
oishii	*lecker*
Go-chisō sama deshita.	*Vielen Dank für das Essen.*
kanpai	*Prost!*
terebi	*Fernseher*
benri	*praktisch*

15 AM TELEFON

moshi moshi	*Hallo! (am Telefon)*
o-taku	*(Ihr) ehrenwertes Zuhause*
ga	*aber, was ... betrifft*
imasen	*ist nicht da*
ashita	*morgen*
mata	*wieder*
wakarimashita	*Verstanden!*
saifu	*Portemonnaie*
kodomo	*Kind*
o-denwa shimasu	*anrufen*
zero	*0*
ichi	*1*
ni	*2*
san	*3*
yon	*4*
shi	*4*
go	*5*
roku	*6*
shichi	*7*
nana	*7*
hachi	*8*
kyū (ku)	*9*
shi	*Tod*
denwa bangō	*Telefonnummer*
... ga wakarimasu ka?	*Kennen / Verstehen Sie ...?*
Wakarimasu ka?	*Verstehen Sie mich?*

16 UNTERWEGS MIT BUS UND BAHN

ikimasu	*gehen / fahren*
kimasu	*kommen*
densha	*Bahn, Zug*
basu	*Bus*
kuruma	*Auto*
hikōki	*Flugzeug*
takushī	*Taxi*
jitensha	*Fahrrad*
baiku	*Motorrad*
aruite ikimasu	*zu Fuß gehen*
de	Instrumentalpartikel
kōen	*Park*
konbini	*24-Stunden-Laden*
sūpā	*Supermarkt*
hoteru	*Hotel*
mae	*vor*
tonari	*neben*
ushiro	*hinter*
migi	*rechts*
hidari	*links*
ni	Ortspartikel

17 ÜBERNACHTUNGEN

bijinesu hoteru	*Business-Hotel*
ni	Ortspartikel, Zielpartikel
ryokan	Gästehaus im japanischen Stil
minshuku	*Pension*
kapuseru hoteru	*Kapselhotel*
eki	*Bahnhof*
o-denwa shimasu	*anrufen*
tomarimasu	*übernachten*
heya	*Zimmer*
chekku auto	*Check-out*
chekku in	*Check-in*
shinguru no heya	*Einzelzimmer*
daburu no heya	*Doppelzimmer*
pasupōto	*Reisepass*
mada	*noch*
ippaku	*eine Nacht*
nihaku	*zwei Nächte*
yoroshii	*recht / genehm*
Yoroshii desu ka?	*Ist es Ihnen recht?*
yoyaku shimasu	*reservieren / buchen*
... wo yoyaku shimasu	*... reservieren*
... tai desu	Absichtsform *(... tun wollen)*

18 UHRZEITEN

jū	*10*
-ji	*... Uhr*
-ji han	*... Uhr: halb*
ni	Zeitpartikel

19 VERABREDUNGEN

yo	Partikel am Satzende (*„aber“, „doch“*)
daijōbu	*in Ordnung*
muri	*nicht möglich*
de mo	*auch*
kyō	*heute*
anō ...	*also ...*
o-taku	*ehrenwertes Zuhause*
rihāsaru	*Probe*
made	*bis*
kara	*ab*
hima desu	*frei haben*
kayōbi	*Dienstag*
pātī	*Party*

20 AKTIVITÄTEN IM TAGESABLAUF

mainichi	*jeden Tag*
okimasu	*aufstehen*
goro	*gegen (Zeit)*
asa go-han	*Frühstück*
tabemasu	*essen*
soshite	*danach*
shinbun	*Zeitung*
yomimasu	*lesen*
yoru	*Abend, abends*
ī-mēru	*E-Mail*
kakimasu	*schreiben*
wo	Akkusativpartikel
kaimasu	*kaufen*
nomimasu	*trinken*

21 HOBBYS

onsen	*heiße Badequelle*
sukī	*Skifahren*
haikingu	*Wandern*
gorufu	*Golf*
pinpon (takkyū)	*Tischtennis*
badominton	*Badminton*
saikuringu	*Radfahren*
shimasu	*tun, machen*
... ga dekimasu	*... können*
baiorin	*Violine*
piano	*Klavier*
hikimasu	*spielen (Klavier, Violine)*
... mashō	*Lassen Sie uns ...*
nan-ji ...?	*Um wie viel Uhr ...?*
hima desu	*frei haben*
mītingu	*Meeting / Konferenz*
sore dewa	*also dann ...*
aimasu	*treffen*
Wakarimashita.	*Verstanden! / Einverstanden!*
tanoshimi ni shite imasu.	*Ich freue mich (auf etwas).*

22 KÖRPERTEILE

atama	*Kopf*
kuchi	*Mund*
senaka	*Rücken*
ashi	*Fuß, Bein*
te	*Hand*
mimi	*Ohr*
nodo	*Hals*
onaka	*Bauch*
ude	*Arm*
O-kagen wa ikaga desu ka?	*Wie ist Ihr Befinden?*
... ga itai desu.	*... tut weh.*
mada	*noch*
karada	*Körper*
darui	*schlapp*
shokuyoku	*Appetit*
i	*Magen*
O-daiji ni.	*Gute Besserung!*

23 IM KRANKENHAUS

kurinikku	*(kleine) Klinik, Arztpraxis*
byōin	*Krankenhaus*
isha	*Arzt / Ärztin*
o-isha-san	*Herr Doktor*
sensei	*Herr Doktor (Anrede)*
Sō shimasu.	*Ja, das mache ich so.*
... de mo ii desu.	*... ist auch in Ordnung.*
Sore wa chotto ...	*Das ist ein bisschen schlecht.*
tabako	*Zigarette, Tabak*
suimasu	*rauchen*
... wa ikemasen.	*... geht nicht.*

24 DAS WETTER

tsuyu	*Pflaumenregen,* Regenzeit im Juni oder Juli
ame	*Regen*
Ame ga futte imasu.	*Es regnet.*
yuki	*Schnee*
Yuki ga futte imasu.	*Es schneit.*
taiyō	*Sonne*
Taiyō ga dete imasu.	*Die Sonne scheint.*
kaze	*Wind*
Kaze ga fuite imasu.	*Es ist windig.*
tenki	*Wetter*
dō	*wie?*
ii	*gut*
warui	*schlecht*
atsui	*heiß*
atatakai	*warm*
samui	*kalt*
suzushii	*kühl*
do	*Grad*
mainasu	*minus, unter Null*

25 NACHTLEBEN

mama-san	*Barfrau*
karaoke	*Karaoke*
dansu	*Tanz*
ēga	*Film*
to	*mit*
miru, mimasu	*sehen, anschauen*
issho ni	*zusammen*
dansu	*Tanz*
kinō	*gestern*
o-tsumami	*Knabbereien*
uta	*Lied*
uta wo utaimasu	*ein Lied singen*
Dō itashimashite!	*Keine Ursache!*
soshite	*danach*
O-tsukare-sama deshita!	*Vielen Dank für Ihre Mühe!*

A

aimasu	*treffen*
akai	*rot*
akarui	*hell*
ame	*Regen*
Ame ga futte imasu.	*Es regnet.*
amerika	*Amerika*
amusuterudamu	*Amsterdam*
anata	*du*
anō ...	*also ...*
aoi	*blau*
apāto	*Apartment*
are	*jenes dort drüben*
arigatō	*danke*
Arigatō gozaimasu.	*Vielen Dank.*
arimasu	*sein / geben / haben (Dinge), es gibt*
aruite ikimasu	*zu Fuß gehen*
asa go-han	*Frühstück*
ashi	*Fuß, Bein*
ashita	*morgen*
asoko	*dort drüben*
atama	*Kopf*
atatakai	*warm*
atsui	*heiß*

B

badominton	*Badminton*
baiku	*Motorrad*
baiorin	*Geige, Violine*
barukonī	*Balkon*
basu	*Bus*
basukettobōru	*Basketball*
bengo-shi	*Rechtsanwalt/anwältin*
benkyō	*Studium*
benkyō shite imasu	*studieren*
benri	*praktisch*

berurin	*Berlin*
bijinesu hoteru	*Business-Hotel*
bīru	*Bier*
Bosshu	*die Firma Bosch*
burausu	*Bluse*
būtsu	*Stiefel*
byōin	*Krankenhaus*

C

chairo	*braun*
chekku auto	*Check-out*
chekku in	*Check-in*
chotto	*ein bisschen*
chūgoku	*China*

D

daburu no heya	*Doppelzimmer*
daidokoro	*Küche*
daijōbu	*in Ordnung*
dainingu	*Esszimmer*
dansu	*Tanz*
darui	*schlapp*
de	Instrumental-partikel
de mo	*auch*
... de mo ii desu.	*... ist auch in Ordnung.*
densha	*Bahn, Zug*
denwa	*Telefon*
denwa bangō	*Telefonnummer*
depāto	*Kaufhaus*
desu	*sein (Verb)*
do	*Grad*
dō?	*wie?*
Dō itashimashite!	*Keine Ursache!*
doitsu	*Deutschland*
doko	*wo?*
Dōmo arigatō gozaimashita / gozaimasu.	*Vielen herzlichen Dank.*
Dōzo.	*Bitte sehr!*

Dōzo, kochira e.	*Hier entlang, bitte.*

E

ēga	*Film*
eki	*Bahnhof*
en	*Yen*
enjinia	*Ingenieur/in*

F

furansu	*Frankreich*
futari	*zwei Personen*
futatsu	*zwei Stück*

G

ga	Subjektpartikel
ga	*aber, was ... betrifft*
... ga daikirai desu.	*Ich mag ... überhaupt nicht.*
... ga daisuki desu.	*Ich mag ... sehr gerne.*
... ga dekimasu	*... können*
... ga itai desu.	*... tut weh.*
... ga kirai desu.	*Ich mag ... nicht.*
... ga suki desu.	*Ich mag ...*
... ga wakarimasu ka?	*Kennen / Verstehen Sie ...?*
gakusei	*Student/in*
genkan	*Eingang*
Genki desu.	*Mir geht es gut.*
ginko-in	*Bankangestellte/r*
go	*5*
go (doitsu-go)	*Sprache (Deutsch)*
Go-chisō sama deshita.	*Vielen Dank für das Essen.*
Go-chūmon wa?	*Was möchten Sie bestellen?*
gonin	*fünf Personen*
goro	*gegen*
gorufu	*Golf*
go-shujin	*Ihr / Dein Ehemann*
guchi / kuchi	*Eingang*
gurē	*grau*

gyūnyū	*Milch*

H

hachi	*8*
hachinin	*acht Personen*
hai	*ja*
haikingu	*Wandern*
Hajimemashite.	*Darf ich mich vorstellen?*
heya	*Zimmer*
hidari	*links*
hikimasu	*spielen (Klavier, Violine)*
hikōki	*Flugzeug*
hima desu	*frei haben*
hiroi	*groß, geräumig*
hitori	*eine Person*
hitotsu	*ein Stück*
hokkaidō	*Hokkaido (eine japan. Hauptinsel)*
honshū	*Honshu (eine japan. Hauptinsel)*
hon-ya	*Buchhändler/in*
honyaku-ka	*Übersetzer/in*
hoteru	*Hotel*
hyaku	*100*
hyaku-en-shoppu	*100-Yen-Shop*

I

i	*Magen*
ichi	*1*
ichi-man	*10.000*
igirisu	*England*
ii	*gut, schön*
iie	*nein*
ikaga	*wie*
Ikaga desu ka?	*Wie ist es?*
ikimasu	*gehen / fahren*
ikkodate	*freistehendes Haus*
ikura	*wie teuer*
ima	*Wohnzimmer*

imasen	*ist nicht da*
imasu	*sein / da sein (Lebewesen)*
ī-mēru	*E-Mail*
ippaku	*eine Nacht*
Irasshaimase.	*Willkommen!*
isha	*Arzt / Ärztin*
issho ni	*zusammen*
itadakimasu	*Ich empfange das Essen.*
itaria	*Italien*
itsutsu	*fünf Stück*

J

Jā ne.	*Tschüs!*
-ji	*... Uhr*
-ji han	*... Uhr:30*
jin (doitsu-jin)	*Mensch (Deutsche/r)*
jitensha	*Fahrrad*
jogingu	*Jogging*
jū	*10*
jūnin	*zehn Personen*
jūsu	*Orangensaft*

K

ka	Fragepartikel
kaimasu	*kaufen*
kaimono	*Einkäufe*
kaimono wo shimasu	*Einkäufe machen*
kaisha-in	*Angestellte/r*
kakimasu	*schreiben*
Kanda	*Stadtteil von Tokyo*
kanpai	*Prost!*
kapseru hoteru	*Kapselhotel*
kara	*ab*
karada	*Körper*
karaoke	*Karaoke*
karate	*Karate*
karēraisu	*Curryreis*

kawa	*Fluss*
kawaii	*süß, niedlich*
kayōbi	*Dienstag*
kaze	*Wind*
Kaze ga fuite imasu.	*Es ist windig.*
keiji	*Polizeiinspektor/in*
keitai denwa	*Mobiltelefon*
kekkon shimasu	*heiraten*
kekkon shite imasu	*verheiratet sein*
kenchiku-ka	*Architekt/in*
kenson	*Bescheidenheit*
kiiroi	*gelb*
kimasu	*kommen*
kinō	*gestern*
kirei	*hübsch, sauber*
kitchin	*Küche*
kōcha	*schwarzer Tee*
Kochira koso.	*Danke gleichfalls.*
kochira wa ...	*Diese Person hier ist ...*
kodomo	*Kind*
kōen	*Park*
kōhī	*Kaffee*
koko	*hier*
Konban wa.	*Guten Abend.*
konbini	*24-Stunden-Laden*
Konnichi wa.	*Guten Tag.*
kono	*dieses*
konpyūtā	*Computer*
kore	*dies*
Kore wo kudasai.	*Dies nehme ich.*
kōto	*Mantel*
kuchi	*Mund*
kurinikku	*(kleine) Klinik, Arztpraxis*
kuroi	*schwarz*
kuruma	*Auto*

kutsu	*Schuhe*
kyakuma	*Gästezimmer*
kyō	*heute*
kyū	*9*
kyūnin	*neun Personen*
kyūshū	*Kyushu (eine japan. Hauptinsel)*

M

mada	*noch*
made	*bis*
mae	*vor*
mainasu	*minus, unter Null*
mainichi	*jeden Tag*
mama-san	*Barfrau*
manēja	*Manager/in*
manshon	*Wohnung in einem Wohnblock*
... mashō	*Lassen Sie uns ...*
mata	*wieder*
meishi	*Visitenkarte*
Meshiagatte kudasai.	*Greifen Sie zu.*
midori-iro	*Grün*
migi	*rechts*
mijikai	*kurz*
mimi	*Ohr*
mineraruwōtā	*Mineralwasser*
minshuku	*Pension*
miru, mimasu	*sehen, anschauen*
mītingu	*Meeting / Konferenz*
mittsu	*drei Stück*
mori	*Wald*
moshi moshi	*Hallo! (am Telefon)*
muri	*nicht möglich*
musuko	*Sohn*
musuko-san	*Ihr / dein Sohn*
musume	*Tochter*
musume-san	*Ihre / deine Tochter*
muzukashii	*schwierig*

N

nagai	*lang*
namae	*Name*
nan	*was?*
nana	*7*
nananin	*sieben Personen*
nani	*was?*
nan-ji …?	*Um wie viel Uhr …?*
… ne	*…, nicht wahr?*
neko	*Katze*
nekutai	*Krawatte*
ni	*2*
ni	Ortspartikel, Zielpartikel
ni	Zeitpartikel
… ni sunde imasu	*wohnen in …*
… ni tsutomete imasu	*arbeiten bei …*
nihaku	*zwei Nächte*
nihon / nippon	*Japan*
no	Genitivpartikel „von"
nodo	*Hals*
nomimasu	*trinken*

O

o-	Höflichkeits-Vorsilbe
o-cha	*Tee*
O-daiji ni.	*Gute Besserung!*
o-denwa shimasu	*anrufen*
o-furoba	*Bad*
O-genki desu ka?	*Wie geht es Ihnen?*
Ohayō gozaimasu.	*Guten Morgen.*
o-isha-san	*der Herr Doktor*
oishii	*lecker*
O-jama shimasu.	*„Ich belästige Sie."*

O-kagen wa ikaga desu ka?	*Wie ist Ihr Befinden?*
O-kanjō wo onegai shimasu.	*Die Rechnung bitte.*
o-kashi	*Süßigkeiten*
okimasu	*aufstehen*
o-ko-san	*Ihr Kind*
oku-san	*Ihre / deine Ehefrau*
o-miyage	*Gastgeschenk*
onaka	*Bauch*
O-namae wa?	*Wie ist Ihr Name?*
ongaku-ka	*Musiker/in*
onsen	*heiße Badequelle*
oranda	*Holland*
orenji-iro	*Orange*
o-share	*schick*
o-shigoto	*Ihre Arbeit*
o-shōgatsu	*Neujahr*
ōsutoria	*Österreich*
o-taku	*(Ihr) ehrenwertes Zuhause*
o-taku	*ehrenwertes Zuhause*
O-tsukare-sama deshita!	*Vielen Dank für Ihre Mühe!*
o-tsumami	*Knabbereien*
otto	*mein Ehemann*
Oyasumi nasai.	*Gute Nacht.*

P

pairotto	*Pilot/in*
pari	*Paris*
pasupōto	*Reisepass*
pātī	*Party*
pekin	*Peking*
petto	*Haustier*
piano	*Klavier*
pinku-iro	*Rosa*
pinpon	*Tischtennis*

R

rāmen	*chinesische Nudeln*
rapputoppu	*Laptop*
retoroman-go	*Rätoromanisch*
ribingu	*Wohnzimmer*
rihāsaru	*Probe*
ringo	*Apfel*
roku	*6*
rokunin	*sechs Personen*
rōma	*Rom*
ryō	*Wohnheim*
ryokan	Gästehaus im japanischen Stil
ryōri	*Essen / Speisen*
ryori wo shimasu	*Essen zubereiten / Kochen*

S

saifu	*Portemonnaie*
saikuringu	*Radfahren*
sake	*japanischer Reiswein*
sakkā	*Fußball*
sakura	*Kirsche (Baum/Blüte)*
samui	*kalt*
samurai	*Samurai*
san	*Herr / Frau (Anrede)*
san	*3*
sannin	*drei Personen*
sapporo	*Sapporo*
sashimi	*roher Fisch*
Sayōnara.	*Auf Wiedersehen.*
sen	*1000*
senaka	*Rücken*
sensei	*Lehrer/in*
sensei	*Herr Doktor (Anrede)*
sētā	*Pullover*
shi	*4*

shi	*Tod*
shichi	*7*
shichinin	*sieben Personen*
shigoto	*Arbeit*
shikoku	*Shikoku (eine japan. Hauptinsel)*
shimasu	*tun, machen*
shinbun	*Zeitung*
shinguru no heya	*Einzelzimmer*
shinshitsu	*Schlafzimmer*
shiroi	*weiß*
shita	*unter*
shokuyoku	*Appetit*
shosai	*Arbeitszimmer*
shujin	*mein Ehemann*
Sō desu ka.	*Ach, so ist das.*
Sō desu ne.	*So ist es, nicht wahr?*
Sō desu.	*So ist es.*
Sō shimasu.	*Ja, das mache ich so*
sō, sō, sō	*aha*
sore	*jenes*
sore dewa	*also dann ...*
Sore wa chotto ...	*Das ist ein bisschen schlecht.*
soshite	*danach*
suchuwādesu	*Steward/ess*
suiei	*Schwimmen*
suimasu	*rauchen*
suisu	*Schweiz*
sukāto	*Rock*
sukī	*Skifahren*
sumimasen	*Entschuldigung / Danke*
sumō	*Sumo-Sport*
sūpā	*Supermarkt*
supein	*Spanien*
supōtsu	*Sport*
sushi	*roher Fisch auf Reis*

suzushii	*kühl*

T

ta / da	*Feld*
tabako	*Zigarette, Tabak*
tabemasu	*essen*
... tai desu	Absichtsform *(... tun mögen)*
taiyō	*Sonne*
Taiyō ga dete imasu.	*Die Sonne scheint.*
takai	*teuer*
takkyū	*Tischtennis*
takushī	*Taxi*
tanoshii	*macht Spaß*
tanoshimi ni shite imasu.	*Ich freue mich (auf etwas).*
te	*Hand*
tēburu	*Tisch*
tenisu	*Tennis*
tenki	*Wetter*
tenpura	*ausgebackene Gemüse / Meeresfrüchte*
terebi	*Fernseher*
tīshatsu	*T-Shirt*
to	Verbindungspartikel *(und, mit)*
toire	*Toilette*
Tōkyō	*Tokyo*
tomarimasu	*übernachten*
tomodachi	*Freund/in*
tonari	*neben*
totemo	*sehr*
tsuma	*meine Ehefrau*
Tsumaranai mono desu.	*Das ist wirklich nur eine Kleinigkeit.*
tsuyu	Pflaumenregen, *Regenzeit im Juni oder Juli*

U

uchi	*Haus*
ude	*Arm*

udon	*Weizennudeln*
Ueno	*Stadtteil von Tokyo*
uētoresu	*Kellner/in*
ureshii	*glücklich*
ushiro	*hinter*
uta	*Lied*
uta wo utaimasu	*ein Lied singen*

W

wa	Themapartikel, Subjektpartikel
... wa arimasu ka?	*Führen Sie ...?*
... wa doko desu ka?	*Wo ist ...?*
... wa ikemasen.	*... geht nicht.*
wain	*Wein*
Wakarimashita.	*Verstanden! / Einverstanden!*
Wakarimasu ka?	*Verstehen Sie?*
wanpīsu	*Kleid*
warui	*schlecht*
watashi	*ich*
wo	Akkusativpartikel
... wo shimasu	*... (be)treiben*
... wo yoyaku shimasu	*... reservieren*

Y

yakisoba	*gebratene Buchweizennudeln*
yakitori	*gebratene Hühnerspieße*
yama	*Berg*
yasui	*billig*
yo	Partikel am Satzende (*„aber", „doch"*)
yomimasu	*lesen*
yon	*4*
yonin	*vier Personen*
yoroshii	*recht / genehm*
Yoroshii desu ka?	*Ist es Ihnen recht?*

yoroshiku	*angenehm, recht*
Yoroshiku onegai shimasu.	*Angenehm, Sie kennen zu lernen.*
yoru	*Abend, abends*
yottsu	*vier Stück*
yoyaku shimasu	*reservieren / buchen*
yuki	*Schnee*
Yuki ga futte imasu.	*Es schneit.*

z

zero	*0*

Bildnachweis

Getty Images: 17.1, **17.2**, **18.1**, **73.2**, **73.3**, **73.4**, **73.5**, **74** (Silke Deffur); **64**, **73.1** (Vier für Texas, Frankfurt); **80** (Fotosearch RF (Photosdisc)); **85.2**, **86.2**, **86.3**, **86.4**, **118** (Andreas Liebetruth); **107.2** (Wolfgang Thumm); 17.3 (Silke Deffur); **28** (Fotosearch RF (Photosdisc)); Fotolia, New York: **110.1** (Markus Schieder); **122.1** (Denis Potschien); **122.3** (Leonid Nyshko); **122.4** (Oleg Kozlov); iStockphoto, Calgary, Alberta: **12.1** (Tristan Scholze); **12.3** (Kelly Cline); **13.2** (Emanuele Gnani); **14** (Nguyen Thai); **17.4** (Ryan KC Wong); **22** (Galina Barskaya); **26.1** (Jim Jurica); **26.3** (Kevin Bergen); **30.1** (Vasko Miokovic); **30.2** (bonnie jacobs); **30.3** (Jaimie Duplass); **30.4** (Sergey Kashkin); **40.1** (Glenn Bristol); **40.3** (Holger Feroudj); **42.1** (Lorenzo Colloreta); **42.2** (Marje Cannon); **42.3** (Charles Humphries); **43.1** (Ross Thomson); **43.2** (Stefan Klein); **46.1** (apg); **46.2** (Ronda Oliver); **46.3**, **52.3** (Phil Date); **46.4** (Sean Nel); **46.5**, **49.4** (Mehmet Dilsiz); **46.6** (Louis Aguinaldo); **49.1** (gisele); **49.3** (Norman Pogson); **52.1** (Janne Ahvo); **52.2** (Daniel Vineyard 2. istockphoto.com/ Melissa King); **57** (Mika makkonen, James H. MacAlliste, Joshua Blake, David Philips, Kevin Russ, Jaimie Duplass); **58.1**, **58.3** (Kevin Russ); **58.3** (Nicholas Sutcliffe); **58.4** (Renee Lee); **66.1** (James McQuillan); **66.2**, **84.1**, **106.1** (-); **66.3** (lifelearningalways); **66.4** (William Walsh); **66.4** (robert lerich); **70.1** (zimmytws); **70.2** (Trochka Tischenko); **70.3** (Svetlana Larina); **70.4** (Simon Oxley); **70.5** (Trevor Nielson); **70.6** (ranplett); **74** (eva serrabassa); **84.2**, **108** (Juergen Sack); **85.1** (Christoph Ermel); **88** (Stefan Tordenmalm); **90** (Rohit Seth); **94** (John Leung); **101** (razvan); **104.1** (fred goldstein); **104.2** (Terraxplorer); **105.1**, **126** (Brent Bossom); **105.2** (Amanda Rohde); **106.2** (mario13); **107.1** (Julie de Leseleuc); **110.2** (Daniel St.Pierre); **113.2** (Wojciech Krusinski); **114** (Oleg Prikhodko); **115.3** (Emil Marinsek); **119.2** (Andrei Tchernov); **121** (Nathan Watkins); **122.2** (Hadleigh Thompson); **123** (yury zaporozhchenko); **12** (Andrew Blyth); **PONS GmbH, Stuttgart: 4**, **4**, **4**, **13.1**, **14.5**, **97.1**, **97.2**, **97.3**, **97.4**, **97.5**, **97.6**, **97.7**, **97.8**, **99**, **130** (PONS GmbH); **Shutterstock, New York: U1** (iceink, rodho, ABCity3D, Vadim Georgiev); **10** (milatas); **11.1** (KannaA); **11.2** (3D Vector); **18.3** (stock_ shot); **20** (Regissercom); **20.1** (MicroOne); **20.2** (kimberrywood); **20.3** (Kang Sunghee) **20.4** (Makistock); **20.5** (antoniodiaz); **20.6** (Bigone); **20.7** (Andrei Shumskiy); **U1** (rodho); **20.8** (PhotoMediaGroup); **33.1** (Bardocz Peter); **33.6** (Africa Studio); **35.1** (Millena); **35.2** (Serg64); **35.3** (tlorna); **40.2** (shigemi okano); **44.1** (Vlad Teodor); **44.2** (lasha); **44.3**, **113.1** (Syda Productions); **45.1** (OhLanlaa); **54.1** (arek_malang); **54.2**, **55.2**, **68.2** (KPG_Payless); **55.1** (wavebreakmedia) **68.1** (Piyato); **68.3** (hanabiyori); **69.1** (upslim); **69.2** (gori910); **69.3** (baibaz); **78.1** (Jojje); **78.2** (Alex Staroseltsev); **78.3** (naKornCreate); **79.1** (pio3); **79.2** (Piti Sirisriro); **79.3** (sattahipbeach); **86.1** (Seh Ki Wai); **92.1** (BaLL LunLa); **92.2** (AVprophoto) **92.3** (fotohunter); **92.4** (Elena Pavlovich); **92.5** (Kovalchuk Oleksandr); **93.1** (zendograph); **93.2** (Artgraphixel); **93.3** (Olexiy Bayev); **102** (Tippawan Kunkeaw); **103** (Felicity.S); **112** (Alushka); **113.2** (karins) **113.3** (omphoto); **Thinkstock, München: 34.1** (DragonImages); **34.2** (MIXA next); **34.3**, **34.4** (TAGSTOCK1); **34.5** (mykeyruna); **42.4** (ES3N); **66.6** (Digital Vision.)